THE HÓLAR CATO

ISLANDICA

AN ANNUAL RELATING TO ICELAND AND THE

FISKE ICELANDIC COLLECTION

IN CORNELL UNIVERSITY LIBRARY

EDITED BY JÓHANN S. HANNESSON

*

VOLUME XXXIX

THE HÓLAR CATO

EDITED BY

HALLDÓR HERMANNSSON

ITHACA, NEW YORK
CORNELL UNIVERSITY PRESS

COPENHAGEN: EJNAR MUNKSGAARD
REYKJAVÍK: BÓKAVERZLUN SIGFÚSAR EYMUNDSSONAR

1958

The Hólar Cato

*An Icelandic Schoolbook
of the Seventeenth Century*

Edited with an introduction
and two appendices by

Halldór Hermannsson

Cornell University Press
Ithaca, New York, 1958

All rights reserved

PRINTED IN BELGIUM
BY THE ST-CATHERINE PRESS LTD, BRUGES

Halldór Hermannsson died on August 28, 1958. He had prepared this edition of the Hólar Cato at the request of Cornell University Library and the Fiske Icelandic Collection; they wished in this way to celebrate a double occasion : his eightieth birthday on January 6 of this year and the fiftieth anniversary of the appearance of the first volume of *Islandica*. The reappearance of Halldór Hermannsson's name on the title page of *Islandica* was to be a reminder of the debt of respect and gratitude owed to him by the institutions and the scholarly community which he served. Now this last addition to an inimitable achievement will also remind those who knew him of their loss.

Contents

INTRODUCTION ix

THE HÓLAR CATO. 1

    Distica moralia Catonis 3
    Dicta septem sapientum Greciae selectiora 39
    Iohannis Sulpicii De civilitate morum 51

APPENDIX I: Hugsvinnsmál 61
   (With a note by J. S. H.)

APPENDIX II: Spakmæli Catonis 85

FACSIMILES 93

Introduction

I

THERE is no evidence of any formal or systematic instruction of the youth in pagan Iceland. The young people learned by observing their elders, listening to them, imitating them, and taking part in their activities, as is the case in all societies at a similar stage of civilization. Sometimes fathers may have entrusted their sons for instruction to other men who were particularly skilled in certain fields, such as the intricate art of poetry or the law, where technicalities played an important part, or in the use of weapons, which was the most important of all accomplishments in those days. There was, to be sure, a public institution in Iceland which informed the people about the laws of the land. This was the office of the Lawspeaker. This official was required to recite the laws at the sessions of the Althing for the benefit of the assembled public and to cover the whole field during his term of three years. We may well assume that the budding legal lights listened attentively to such recitals. Otherwise it was the function and duty of the home to prepare and train the children for life.

Christianity, which was adopted in Iceland by popular acclamation at the Althing in the year 1000, brought with it the Latin-Christian culture of Europe. But the new culture was slow in taking hold on the people, for there were few servants of the Church available to teach the new faith, and those few were

INTRODUCTION

foreigners little acquainted with the native tongue. As Latin was the language of the new cult, these foreigners were able to train men in Iceland for the priesthood. Apparently the first to keep a regular school for such purposes was Rudolph, an Anglo-Norman who stayed in the country for nineteen years (1030-1049) and lived at Bær in Borgarfjord. Moreover, we are informed that Ísleif Gizurarson, who became the first native bishop of Iceland, kept a school for priests at Skálholt, perhaps even before he was elevated to the episcopate (1056).[1] In the eleventh century two other schools are mentioned, one at Haukadal, founded by Teit Ísleifsson, son of the bishop, the other at Oddi, founded by Sæmund Sigfússon. These two places became famous as seats of national learning and traditions, although the regular curriculum probably did not include such matters.

In 1105 a second Icelandic see was established at Hólar in the North. The first incumbent was Jón Ögmundsson, who had been in the Skálholt school and later studied abroad. He founded a school at Hólar, and what is told of this school in the Saga of Bishop Jón is almost the only description we have of Icelandic schools during the period of Catholicism. In the oldest form of the saga the account runs as follows:

When Jón had been bishop but a short while he established a school at the see, west from the door of the cathedral, carefully and well built, and the remains of the house are still to be seen. To direct the school and to teach those who attended it he chose an excellent and eloquent cleric from Gautland [in Sweden], whose name was Gísli Finnason. He paid him a good salary, both for teaching the theological students and for assisting the bishop, when he could, in sustaining sacred Christianity by preaching and praying. Always when Gísli preached before the people, he had a book lying in front of him and took from it what he said to the people. This he did chiefly for the sake of prudence and humility, because he was young and those who listened to him put greater value on it when they saw that he took his teachings from sacred books and that it was not altogether from his own ingenuity....

The saintly Bishop Jón received many men for educating them and secured good masters to teach them, such as Gísli Finnason, mentioned above, to teach *grammaticam*, and Rikini the priest, his chaplain and

INTRODUCTION

bosom friend, to teach singing or versification, [2] because he was the most learned of men. There was hardly a house in which there was not something useful going on. It was the habit of the older men to teach the younger, and the younger were engaged in writing when they were not studying. They were all at peace, and none envied another. And when the bells called to service, they all went and read their prayers with great attention, so that nothing was heard in the choir but beautiful singing and sacred praying. The older men knew how to be well behaved, and the small boys were so chastened by their masters that they would not dare to show any heedlessness....

Bishop Jón chose a man to build the church who then was considered one of the most skillful. His name was Thórodd. [3] The saintly Bishop Jón paid him large and good wages, and Thórodd also discharged his duties well and worthily as a good man. It is told about this man that he was so quick at learning that while attending to his work he listened when the theological students were taught that discipline which is called *grammatica*; and so well did it stick in his ears because of his quickness to learn and his attentiveness that he became most skillful in such learning. [4]

The younger Saga of Bishop Jón, ascribed to Gunnlaug Leifsson (d. 1219), monk at Thingeyrar, amplifies this description without adding to it anything of importance, except the following passage:

A chaste maiden was also studying there whose name was Ingunn. She was inferior to no one in these studies. She taught *grammaticam* to many and instructed anyone who wished to learn; consequently many men became well educated by her guidance. She expounded Latin books which she had read to her while she herself sewed or weaved or was engaged in other needlework upon the lives of the saints, making the glory of God known to men not only by her words but also by the work of her hands. [5]

Many prominent and influential men are said to have received their education at the Hólar school; yet it is not on record that it was kept going after Bishop Jón's death (1121). We do not hear of any school there until 1218, when Bishop Gudmund Arason (1203-1237) established one there with Thórd Ufsi as master.[6] That school, however, is not likely to have lasted long, because the bishop was soon compelled to flee from his see and

INTRODUCTION

spent most of his episcopate roaming about the country with his rowdy followers.

A school at Hólar is next referred to during the episcopate of Jörund Thorsteinsson (1267-1313); the master was Óblaud Hallvardsson. Among the pupils in that school, and later its master, was Laurentius Kálfsson, who is praised for his great learning.[7] Bishop Audun the Red Thorbergsson (1313-1321) also kept a school at the see which seems to have been fairly well attended.[8] He was succeeded as bishop by Laurentius Kálfsson (1323-1330), under whom the school flourished:

Sir Ólaf Hjaltason he made schoolmaster to teach grammar. He received many scholars for teaching, rich men's sons and many poor men also, and had them taught till they were capable. All the time that he was bishop he had a notably good school kept; brother Árni [the bishop's illegitimate son] also taught many; and there were always fifteen and more going to school. Those who had read had to repeat the lesson the evening before to the schoolmaster, and be dealt with by him if they read or chanted amiss. Sir Valthióf he made choirmaster *(rectorem chori)*, and his business was to settle what each should chant. [9]

The next bishop, Egil Eyjólfsson (1331-1341), had been a pupil of Bishop Laurentius and later master of the Hólar school; and he is recorded to have maintained the school. Thereafter no school is mentioned at Hólar until the Dane Pétur Nikulásson became bishop (1392-1402); sources give the names of two of his schoolmasters.[10]

The fifteenth century is a dark and dreary period in Icelandic history. Twice (1402 and 1494) the Great Plague *(svarti dauði)* ravaged the country and killed a very large portion of the population. The death rate was so high among the clergy that after the first epidemic only six priests, three deacons, and one monk were left in the Hólar diocese, and after the second, only twenty-six priests. Under such conditions intellectual life was at a very low ebb, nor are any schools mentioned during that century. A deed of 1507 seems to indicate that there was a school at Hólar under Bishop Gottskálk Nikulásson (1498-1520);[11] this would be the last reference to a school there during the Catholic era.

INTRODUCTION

There is no mention of a school at Skálholt under Gizur Ísleifsson (1082-1118), and hence it might be doubted whether he continued the school established there by his father and predecessor; yet considering how many prominent men took orders during his episcopate, it is permissible to assume that the bishop was active in promoting clerical learning. It is told about his successor, Thorlák Runólfsson (1118-1133), who had been a scholar at Haukadal, that he received young men for instruction and that he himself taught.[12] The same is told of Bishop Klæng Thorsteinsson (1152-1176), who had attended the Hólar school.[13] His successor was Thorlák Thórhallsson (1178-1193), who enjoyed a reputation for learning. He received his early education at the Oddi school and afterwards studied in Paris and Lincoln. After his death he was declared a saint by legislative action of the Althing. Of him it is said that " he often taught clerics to read books and other studies which are useful to them."[14] He was succeeded by his nephew Páll Jónsson (1193-1211), also a scholar from Oddi who later studied at Lincoln. About Páll's teaching activities nothing is reported, but he was very solicitous about the clergy of his diocese. He had a census taken of the priests in order to ascertain that there would be a sufficient number of them left in the country though some were allowed to go abroad, in order, as has been presumed, to obtain better training.[15] For a long time we hear nothing about a school at Skálholt. The bishops of the southern see were very often foreigners, some of them adventurers who cared little or nothing about their duties, and the education of the clergy was doubtless neglected, as is indicated by the reports of the visitators sent by the archbishop at the beginning of the fourteenth century.[16] It is not until the episcopate of Stefán Jónsson (1491-1518) that a school is again mentioned at the see. Bishop Stefán had been educated abroad and had a reputation for learning. His schoolmaster was Ásbjörn Sigurdsson, who is called *baccalaureus* and said to have been trained abroad.[17] Ögmundur Pálsson, the last Catholic bishop of Skálholt (1521-1541), also had studied abroad, but he was more interested in mundane matters than in clerical learning. He had with him,

INTRODUCTION

however, without knowing it, men who had studied in foreign schools and had there become acquainted with, and converted to, Lutheranism and who became the leaders in introducing the Reformation into Iceland.

The schools which existed intermittently at the two sees might perhaps be called official, although as documents show they were not free to all. There were other schools which might be styled private, those which were kept by certain families or by individuals. Two of these have already been mentioned, one at Haukadal, the other at Oddi, both in the South. At the former, several well-known men received their education, the most famous among whom is Ari Thorgilsson (1068-1148), the father of Icelandic saga writing. We have no information as to how long this school existed. It was doubtless continued by Hall Teitsson (d. 1150), the learned son of the founder of the school and bishop-elect of Skálholt, but it is uncertain whether it was maintained by his son, Gizur Hallsson (d. 1206). After the death of Sæmund Sigfússon in 1133 the school at Oddi was headed by his son Eyólf (d. ca. 1158), who is said to have been one of the most learned men of his age. We may take it for granted that the school was continued during the life of Jón Loptsson (d. 1197); at that time Snorri Sturluson (b. 1168), the greatest of Icelandic historians, was brought up there. It is possible that the school was maintained for a while by Jón's descendants, but there is no definite information available as to that.[18] There are indications that Ólaf Thórdarson (called Hvítaskáld, d. 1259) kept a school at Stafaholt, and it is possible that he wrote for the use of his pupils the grammatical treatise ascribed to him.[19] It is very likely that there were to be found other schools of this kind kept by individual priests.

Schools were also, at least off and on, kept in the Icelandic cloisters. There were three of the Benedictine order: the monasteries at Thingeyrar (1133) and Munkathverá (1155) and the convent at Reynistad (1295); and five of the Augustinian order: the monasteries at Thykkvibær (1166), Helgafell (1184, originally established at Flatey in 1172), Videy (1226), and Mödruvellir (1296) and the convent at Kirkjubær (1186). There were two

INTRODUCTION

other monasteries (at Hítardal and Skrida) which lasted only a short time. Monasticism seemingly never found great favor with the Icelanders, and the number of monks and nuns apparently was never very large. Yet some of these cloisters became seats of learning, and a considerable amount of literature was produced there, particularly of the religious kind, but probably very few of the secular writings originated there.[20] Frequently mention is made of schools in the various monasteries, especially at Thingeyrar and at Thykkvibær. At the former, Laurentius Kálfsson, afterwards bishop of Hólar, taught for some years, and several prominent men are said to have attended that school. The school at Thykkvibær enjoyed a reputation especially during the abbacy (1247-1261) of Brand Jónsson, afterward bishop of Hólar. From that school came the two bishops who were most active in the struggle between the Church and the State which began in the second half of the thirteenth century, and their activity doubtless reflected the spirit and teaching of the school. Otherwise we have no information about the character of the cloister schools or the instruction they furnished. No schools are mentioned in the monasteries of Helgafell or Videy; yet we know that the former had a considerable library which suffered a sad fate after the introduction of the Reformation,[21] and from the latter we possess an inventory including a number of schoolbooks. Hence it may be wise not to base definite conclusions about nonexistence of schools at certain times on the mere fact that our sources do not specifically mention them; their information on the subject is obviously very casual.[22]

Beyond what is quoted above about the school at Hólar under Jón Ögmundsson, we have little or no information about the schools of medieval Iceland, what was taught there, and how it was taught. There is reason to believe that few if any of them were full-fledged schools according to foreign standards, where complete courses were given in trivium and quadrivium. They were probably of a more elementary kind, their principal purpose having been to train their scholars for the priesthood. We are for the most part left in the dark as to the books that were used in these schools.

INTRODUCTION

Only in two inventories of religious institutions at the end of the fourteenth century do we find a few of these specifically mentioned.
In the inventory of the Hólar cathedral of 1396 is the following clause:

"þessar skólabókr. doctrinalia. ij. brito a tweimr bokum. huguicio grecismus. ysodorus etymologiarum. proprietarium. strepidus judicij." [23]

The inventory of Videy cloister, dated 1397, includes the following:

" Item j Skolabokumm. In primis Doctrinale. Græcismus. Avrora. Alexander Magnus. Tobias Glosatus. Cato med Glosa. Item ix versabækur adrar. Miracula Sanctæ Mariæ et vita Sanctæ Margaritæ a sinne bok hvor. Item ij messu Brever." [24]

Some of these titles cannot be definitely identified, such as *Avrora*,[25] *Proprietarium*, and *Strepidus judicii*. *Cato* is, of course, the *Disticha*. *Doctrinale* is the versified Latin grammar by Alexander de Ville-Dieu. *Græcismus*, also a versified grammar, is by Ebrard of Bethune; it derived its name from one of its chapters giving the etymology of Greek words which had found their way into Latin religious books of the day. *Huguicio* is doubtless *Liber derivationum* by Huguccio or Hugo of Pisa (bishop of Ferrara) which took its name from the author's attempt to arrange the words according to their derivation. Neither of these two authors knew any Greek; hence their works were later ridiculed by the Humanists. Isidore's *Etymologiæ* was, of course, widely used; a defective copy is listed at Videy, but not among the schoolbooks. *Brito* is very likely William Brito's *Questiones* and identical with the *Sinonima Britonis* which is among the books forbidden in Danish schools by King Christian the Second.[26] *Tobias glosatus* is the Book of Tobit of the Apocrypha.[27] *Alexander Magnus* is possibly one of the medieval books on Alexander the Great. These books were not, of course, the only ones with which Icelandic schoolmasters were acquainted. There were grammarians and keen students of their native language in medieval Iceland, as the four Grammatical Treatises appended to some manuscripts of Snorri's Edda show, and writers who made use

INTRODUCTION

of Donatus' *Ars major* (only, however, the third book called *Barbarismus*) and *Ars minor*, of Priscian's *Institutiones grammaticæ* and other works.[28]

Two fragments, one lexicographical (Gl. kgl. Sml. 1812, 4º, from ca. 1200),[29] the other grammatical (AM. 921, 4º, from ca. 1400),[30] which obviously have been used for instruction in Icelandic schools, have been preserved.

During the twelfth and thirteenth centuries, especially the latter, Icelandic literature flourished as never before or since. In that connection it might be interesting to ascertain how widespread literacy was among the people.[31] It is, of course, very difficult, if not impossible, to reach any definite conclusion as to that, but there is reason to believe that literacy was fairly general among the leading classes and the well to do. Peculiar conditions prevailed in Iceland to which parallels are not readily found in other European countries at that time. When Christianity had been legalized and fairly well established, the churches were owned by the chieftains, and it was their duty to provide priests to perform the religious services. During the episcopate of Gizur Ísleifsson (1082-1118), we are told, most of the chieftains were ordained as priests.[32] Thus both the secular and the ecclesiastical functions were often vested in the same persons. As chieftains they were eager to preserve the national customs and traditions; as priests they were representatives of the new religion and foreign learning. Consequently the chieftains must have been literate, and the lower orders (deacons, subdeacons, etc.) as well. Toward the end of the twelfth century the bishops began to demand the management and full control of the churches, and the archbishop forbade those in higher orders to occupy important secular positions; later celibacy was demanded of these orders. All this tended to cause a cleavage between laymen and clerics; the chieftains were reluctant to submit to these conditions, and thereafter they generally took only the lower orders. It is not unlikely that this ultimately resulted in some decline of literacy.

Down to 1118 the laws of the country were transmitted by word of mouth from generation to generation, being recited every year

xvii

INTRODUCTION

by the Lawspeaker at the sessions of the Althing. In that year they were for the first time read there from parchment by clerics. Henceforth the chieftains and their trusted followers must be able to read if they were to possess knowledge of the laws and be in a position to apply them. Now codices containing the law could be obtained by anyone who took the trouble to have them copied. The office of the Lawspeaker, however, continued to exist until 1271, when that of Lawman supplanted it. It goes without saying that the Lawspeaker must have been literate. During the period from 1118 to 1271 there were in all seventeen Lawspeakers, and of these ten were laymen.

There was a decline in almost every field of Icelandic culture during the fourteenth and fifteenth centuries, and especially is this noticeable in intellectual matters. Yet we are permitted to assume that literacy was not uncommon among the leading men. Many of those must have employed priests in their homes to instruct their sons, and it is this instruction in the homes which for centuries has been maintained in Iceland and which has kept alive intellectual interests among the people at large.

II

When Christian the Third had broken down all opposition and made himself king of Denmark, Lutheranism became the established religion there. The organization of the church was determined by the Church Ordinance of 1537, which also contained provisions for a new school system, aimed principally at providing clergy for the new church. The Ordinance was accepted by the Skálholt diocese in 1541 and by the Hólar diocese ten years later, when Jón Arason, the last Catholic bishop, had been disposed of.

Plans were soon put forward to establish a new school system in Iceland. In 1542 a royal order was issued to the abbot of Helgafell and the monks of Videy to establish Latin schools there,[33] an another to the abbot of Thykkvibær, the prior of Skrida, and the abbess of Kirkjubær to establish in these places schools for children, since these cloisters were not rich enough to maintain

INTRODUCTION

Latin schools.[34] Later in the year, however, the king decreed that since Videy was needed as the residence of the Danish Governor General no school was to be founded there,[35] and all these plans for new schools finally came to nothing, for the king and his advisers thought it more appropriate and profitable to seize all the possessions of the cloisters for the Crown. Yet in 1550 a new order was issued to the Governor General and the bishop of Skálholt about a school at Helgafell, but this too fell through.[36] Finally in 1552 a royal order was given to establish a cathedral school at each of the two sees, one at Skálholt for forty pupils and another at Hólar for twenty-four pupils; each school was to have a schoolmaster and two other teachers.[37] Later the Governor General issued regulations for the two schools by which it was decreed that there were to be only two teachers and twenty-four pupils in each; the expenses were to be defrayed from the property of the cathedrals, and the pupils were to be provided with food and clothing and, in the case of poor pupils, books and paper as well.[38] Thus there were established at the two sees two Latin schools which remained there for two centuries and a half. The length of the school year was slightly changed from time to time, but generally it lasted from October to May, and the course of study ordinarily took six years.

Neither in these regulations nor anywhere else are to be found any directions or rules for the instruction to be given in the schools. We must therefore assume that the studies were to be carried on according to the directions given in the Church Ordinance of 1537, with such modification as the difference between conditions in Denmark and in Iceland made necessary. The first schoolmasters of both schools were Danes, probably because no natives able to fill these positions were available, but later the schoolmasters were always Icelanders.

The Ordinance was issued in Latin and was in part translated into Icelandic by Gizur Einarsson, the first Lutheran bishop of Skálholt; a complete translation was made by another hand later in the sixteenth century.[39] At the beginning of the section dealing with schools it is emphatically stated that all instruction must be in Latin.

INTRODUCTION

According to the original Ordinance, town and village schools with three teachers were to have four classes, but those with two teachers, three. The Icelandic translation has in the latter case two classes, probably in conformity with Icelandic counting and practice. In the first class the pupils were to learn the alphabet, and those who were further advanced were to read Cato and translate Donatus word for word. In the evening they were to be given two Latin words which they were to explain the next morning. In the second class Melanchthon's *Grammatica* was to be taught, and at the same time the pupils were to read and translate Æsop's *Fabulæ*, Mosellanus' *Pædologia*, and Erasmus' *Colloquia* and to learn to speak and write Latin. In the evening a proverb was to be assigned to them for explanation the following morning. The third class was to continue the study of the grammar and read plays by Terence and Plautus and the shortest of Cicero's *Epistolæ*, and the pupils were to write a Latin letter every week. In the evening they were given some verses dealing with decorum and good behavior to ponder over. In the fourth class the study of grammar was still to be pursued; the pupils were to read Virgil and in addition Melanchthon's *Dialectica* and *Rhetorica*, Ovid's *Metamorphoses*, and Cicero's *Officia* or *Epistolæ familiares*; verses from Virgil were to be learned by heart, and letters and poems written in Latin. To the fifth class only those were admitted who had full command of Latin, and to them instruction in Greek might be given, without, however, any neglect of Latin. Minute regulations are given as to how every hour of the day should be spent and how the classrooms were to be used. Singing was to be practiced one hour every day. Nor was the religious instruction to be neglected, since the principal aim of the schools was to train young men for service in the church. The catechism was to be thoroughly studied and explained, and certain books of the Bible were to be read, such as the Gospel of Matthew, some of St. Paul's Epistles, and the Psalms.

We have no detailed information as to how these rules, or which of them, were applied in the cathedral schools of Iceland or how on the whole the teaching was conducted.[40] Presumably it was

INTRODUCTION

carried on along lines somewhat similar to those prescribed in the Church Ordinance, but we do not know what authors were read or what textbooks used. On the testimony of Bishop Gudbrandur of Hólar we know, however, that the same emphasis was placed upon the study of Latin as prescribed in the Ordinance, for the bishop asserts that " this school [i.e. the Hólar School] is founded for the Latin language and nothing else." [41] Although there were several editions of the catechism in Icelandic, it seems that in the schools it was nevertheless studied in Latin too. Bishop Thórdur Thorláksson of Skálholt tells us in his preface to the Icelandic translation (1688) of the so-called *Catechismus Vittenbergensis* that this catechism " was taught and read in Latin in all those schools both in this country and elsewhere where the correct evangelical doctrine was practiced and upheld." [42] Most of the textbooks used in the schools must have been printed abroad, but there were a few in the seventeenth century that were published in Iceland. Besides the *Catonis Disticha* and Adam Franciscus' *Margarita theologica* of 1620, of which no copy is now known, [43] there were two Latin grammars, viz. *Grammatica Latina*, printed at Hólar in 1616,[44] a compilation, probably by Arngrímur Jónsson, based on the grammars of Melanchthon and Petrus Ramus, and *Compendium grammaticæ Latinæ, ex grammaticis Philippi Melanchthonis et Johannis Spangenbergii olim desumptum,* printed at Skálholt in 1695, of which there must, however, have been an earlier edition of Hólar which is now unknown. [45] Moreover, there was Georg Vogelmann's *Elegantiarum Latini sermonis præceptiones aliqvot* of 1616, of which no copy is now known to exist. [46] About 1643 Bishop Thorlákur Skúlason issued for the use of the Hólar School a Latin-Icelandic *Vocabularium,* which also has completely disappeared. [47] Doubtless Luther's *Catechismus minor* in Latin and Icelandic which Bishop Björn Þorleifsson issued in 1708 [48] was intended as a schoolbook at Hólar. There was, however, a serious lack of printed textbooks for use in the schools, and the pupils often had to write them from dictation by the teachers or copy from other written copies, which in both cases could easily lead to errors being introduced and perpetuated, besides being

xxi

a waste of time. [49] The energetic and austere Bishop Jón Árnason of Skálholt was active in remedying this by providing textbooks for his school. Within a decade he issued no less than four of them, all printed in Copenhagen : *Donatus, hoc est: Paradigmata partium orationis Latino-islandica* (1733); *Lexidion Latino-islandicum grammaticale, það er Glosna kver a Latinu og Islendsku, lijkt Grammatica* (1734); *Epitoma grammaticæ Latinæ cum interpretatione Islandica* (1734); and a translation of Hans Gram's *Nucleus latinitatis* (1738).

During the first two hunred years of their existence the curriculum of the Latin schools seemingly did not undergo any notable changes. Instruction in Greek was first given about 1600, but probably did not amount to much. Arithmetic was introduced in the Skálholt School about the middle of the seventeenth century, but was dropped after some ten years, when the teacher who taught it left. [50] The schools had not kept abreast of the times and had got into a rut; a change was therefore needed. The pietistic Danish government had already laid plans for reforming the schools of the realm when intimations came from Iceland that in many respects ecclesiastical and educational affairs were mismanaged there. This was communicated to the government by Jón Thorkelsson (Thorkillius), who for nine years had been rector of the Skálholt School and really had education at heart. [51] Consequently the General Church Council decided to send a visitator to Iceland to investigate and report on conditions there and eventually suggest reforms. For this task Ludvig Harboe, a young Danish clergyman, was chosen, and Jón Thorkelsson was to accompany him as his secretary. [52] They were received with serious misgivings in Iceland, but Harboe soon won everybody's good will by his tact, earnestness, and fairness. The result of his mission, among many other things, was a new ordinance about the two Latin schools dated May 3, 1743, supplemented later by an order of June 10, 1743. [53]

The ordinance, with its long-winded and detailed clauses about the qualifications and conduct of teachers and disciples alike, is typical of the pietistic period in Danish history. Its principal merit is that it recognizes the place of the native tongue in the schools. At the very outset it declares that the two Latin schools are to be a *Seminarium ecclesiæ* in the country, which doubtless means that their object was principally to train young men for service in the church. Of its seventy paragraphs only six deal directly with the curriculum. Latin has, of course, the first place, and the pupils were to be taught not only to read it fluently but also to write and speak it. The instruction in Greek was to consist in the reading and analysis of the New Testament. A compendium of *theologia ethica, catechetica et morale* was to be studied, Biblical exercises held every morning and evening, and Johan Arndt's *Verus Christianismus* read and explained every evening, either in Icelandic, Danish, or Latin. In philosophical sciences so much was to be read that the pupils were not entirely ignorant of *Logica morale et philosophiæ naturalis principia communissima*, but it was left to the teacher's discretion to determine the amount of study necessary for this, as were the teaching of the rudiments of Hebrew, the writing of Latin poetry and orations, and the exercises in the mother tongue. In order to conduct the last of these properly, the teachers had to be well versed in their own language, so that they could teach the pupils to write pure and correct style. Good knowledge of the Danish tongue was also recommended, and accordingly written exercises in Danish and translations into that tongue were prescribed. In arithmetic at least the four operations with integers and fractions were to be taught. Singing was also to be practiced frequently. It was expected that the same textbooks would be used in Iceland as in Norwegian and Danish schools, the intention being thus to bring about uniformity in all the schools of the realm.

The program here proposed would in many ways have been an improvement upon the earlier system, if it only had been carried out in practice. This, however, was not done, and probably the main reason for it was that the schools were at that time facing the most difficult period in their history. The latter half of the eighteenth century was on the whole one of the most trying times in the history of Iceland. There was a series of bad seasons, and the trade monopoly was very oppressive, so that the principal necessities of life often were not supplied to the people in sufficient quantity. For lack of food and proper protection against the cold the schools sometimes had to close in the middle of winter and send the pupils to their homes. In 1783 occurred one of the greatest and most destructive volcanic eruptions on record, followed by diseases of men and beasts from which the population and its livestock perished by the thousands. In 1784 earthquakes laid the see of Skálholt, including the school, in ruins. Under these circumstances the government, following the advice of a committee deliberating upon Icelandic affairs in general, on April 29, 1785, ordered the see and school transferred to Reykjavík, which then was a small trading place, although the largest of its kind in the country.[54] All the landed property of the see and of the cathedral was to be sold, and from a part of the interest of the proceeds the school was to be maintained. Again on the recommendation of a committee appointed by the government, a decree of October 2, 1801, ordered that the Hólar School be united with the school in Reykjavík;[55] the landed property of the Hólar see was also to be sold and the proceeds to be applied in much the same way as the money realized by the Skálholt sale. The Hólar see was abolished at the same time and Iceland made one bishopric with a bishop residing in Reykjavík. There was now only one Latin school in the country. This arrangement, it was argued, would make it possible to maintain a better equipped school and at less cost than if there were two. It proved to be a miscalculation, for this school turned out to be worse than either of the two cathedral schools, nor did it exist long. A few years later it was transferred to Bessastadir, where it remained until 1846, when it was again moved to Reykjavík.

The limited curriculum in the cathedral schools aimed above all at teaching the pupils the Latin language—to read it, to write it, and to speak it. Thus these schools soon produced good Latinists who, when the late Renaissance Humanism finally reached the country, were able to write in Latin books and other communications directed to foreigners, who usually had little or erroneous information about the country and its people, and thus claim for

INTRODUCTION

Iceland its rightful place among the civilized nations of Europe. It is not the place here to describe in detail the teaching in these schools or to try to determine what classical works were read there, beyond what is said above about the provisions of the Church Ordinance. We do not know much about the libraries of these schools or about private libraries in Iceland during the time in question, how large they were or of what character; the only library of which we have a list is the personal library of Bishop Brynjólfur Sveinsson, which was very rich in classical literature. [56] It is however, noteworthy, how little influence the Latin classics had upon Icelandic literature during the period ca. 1550-1800. Only a few passages and selections from various works were translated into Icelandic during this time. The only work rendered in full—as a textbook for the schools—was the *Catonis Disticha*.

III

The origin of the *Disticha* is obscure, but it is generally supposed that they originally date from the second or third century of our era and that their author must, in any case, have lived before the introduction of Christianity as a state religion, for they show no influence of Christianity. They may not all be by the same author, however, since didactic poems of this kind are apt to be changed, couplets being dropped or added, as long as they have not been written down. The collection of these sayings in the form in which we now have it is supposed to have been made during the reign of Emperor Diocletian (284-305), or thereabout. There exists a letter from the second half of the fourth century which ascribes them to Cato, but what this means is impossible to say, whether the ascription is based on some oral tradition about an otherwise unknown Cato or whether, because the distichs, or some of them, bear some resemblance to the doctrines of Cato the Elder, his name was attached to them. Many centuries later Scaliger added the name Dionysius to that of Cato, and some editions have followed his lead, but the name is unwarranted and, like the name Cato itself, seems to be purely fictitious.

INTRODUCTION

The *Disticha* very soon became widely known and were used in medieval schools as a textbook for teaching the pupils the first elements of the Latin language and at the same time instructing them in good morals and proper conduct under various conditions and in various situations in life. A recent editor and translator of the *Disticha* has well summed up the message they carry: " What the author seeks most to inculcate is prudence, caution, self-possession, shrewd adaptation to circumstances, courage, moderation and self-control." [57] For about fifteen centuries the *Disticha* remained a highly valued textbook in the Western World. They have been translated into practically all European languages, and even into dialects, and some parodies of them have been made. When printing with movable type came into vogue, the *Disticha* were among the first books to be printed, and no book was more frequently reprinted. During the last thirty years of the fifteenth century (1470-1500) there appeared 180 editions of them, in Latin or in Latin with translations, separate or included in collections of works of a similar character *(Auctores octo)*. Some of these editions have somewhat high-flown titles, such as *Cato moralissimus cum elegantissimo commento* (1497). [58]

The collection as it has come down to us is divided into four books, of which all but the first are provided with a metrical prologue; if Book I ever had such a prologue, it has been lost. At the head of the collection stands a brief prose preface, which is followed by 56 (in some MSS 57) very short proverbs. These proverbs and the prologues did not originally belong to the *Disticha* but are later additions. The most recent critical edition of the *Disticha* is the monumental one of Marcus Boas, *Disticha Catonis* (Amstelodami, 1952), but most editions of the last seventy years or so are based on the edition of Aemilius Baehrens in his *Poetæ Latini minores*, III (Lipsiæ, 1881), 205-235.

There is abundant evidence that the *Disticha* were known in early Iceland: in the second half of the twelfth century the author of *The First Grammatical Treatise* quotes one distich (I, 10); [59] from the second half of the thirteenth century we have a very free translation, really a paraphrase, entitled *Hugsvinnsmál*, which

INTRODUCTION

will be mentioned later; and at the end of the fourteenth century copies of Cato were to be found in two places in the country, as pointed out above. The Church Ordinance of 1537 prescribed the use of Cato as a textbook in the schools, and we may assume that it was so used in Iceland. We do not know whether printed or written copies were used, but presumably the latter was the case, although copies printed abroad may have been available. There are various Danish editions of Cato from 1581 on, several of the later ones with Danish translation. Finally Cato was printed at Hólar, but of this edition there are now only two copies known to exist, both incomplete, one in the Fiske Collection, probably lacking one leaf at the end, and the other in the Arna-Magnæan Collection in Copenhagen, presumably lacking two leaves at the end. Since the last leaf, on which the colophon doubtless appeared, is lacking in both copies, the date of publication is in doubt, but probably it was 1620 or thereabout. [60]

In the Hólar Cato the Latin text of each distich, which is obviously derived from Erasmus' edition of 1515, or some reprint of it, is followed by two metrical versions. Both of these are by Jón Bjarnason (not Bjarnarson as the title page has it), minister of Presthólar (d. ca. 1635), a poet of considerable reputation in his time and author of various *rímur*, but not a particularly skillful translator. [61] He obviously was familiar with the *Hugsvinnsmál*, but this rendering doubtless was not found sufficiently faithful to the original for use in the classroom. The Latin text includes 46 of the introductory short proverbs (they are numbered 1 to 47, but the number 8 is omitted), and these are also translated into verse, and poor poetry it is.

Dicta septem sapientum Greciæ is the second item in the Hólar Cato. The Seven Sages of Greece flourished during the period 620-550 B.C. They conducted the affairs of their cities or states as rulers, legislators, or tyrants and became famous for their practical wisdom. Prudent sayings were attributed to them, and each of them was especially associated with a characteristic maxim (not, however, always the same one). They are Periander, tyrant of Corinth (Forethought in all things); Bias of Priene in Caria

xxvii

INTRODUCTION

(Most men are bad); Pittacus of Mytilene (Know thy opportunity); Cleobulus, tyrant of Lindus in Rhodes (Moderation is the chief thing); Chilon of Sparta (Know thyself); Solon, legislator of Athens (Observe the end of a long life); and Thales of Miletus (Surety brings ruin). Closely associated with the history of the *Dicta septem sapientum* is the name of Decius Magnus Ausonius (ca. 310-393), a Latin poet, grammarian, and rhetor from Bordigale (Bordeaux) in Gaul, who, after having served as a tutor to Emperor Valentinian's son and thereupon filled various public positions, at last returned to his native city and there devoted himself to literary pursuits. He wrote a kind of puppet play in which the Seven Sages address a supposed audience, mostly on the subject of their special maxims, which are quoted in Greek.[62] He also wrote a series of seven poems of seven lines, each in a different meter and each consisting of supposed sayings of one of the Seven Sages.[63] In his edition of Cato of 1515 Erasmus included the *Dicta* of the Sages and also these poems of Ausonius.[64] His example is followed in the Hólar Cato, where the poems are separated from the *Dicta* by means of the heading "Ausonius" or "ex Ausonio." The metrical translation into Icelandic is ascribed to A. J., which initials undoubtedly stand for Arngrímur Jónsson. In several manuscript copies it is ascribed to Jón Bjarnason, but this is doubtless an error. Pastor Jón was, to be sure, not a very good translator, but the learned Arngrímur was inferior even to him.

The third item in the Hólar Cato is Johannes Sulpicius' *De civilitate morum*, which in Chr. Mortensen Morsing's Danish edition of ca. 1570 has the title *De moribus puerorum in mensa præcipue servandis carmen elegiacum*.[65] The author of this poem, Johannes Sulpicius, also called Verulanus, because he was born in Veroli in the Roman Campagna, lived in the latter half of the fifteenth century. The poem was first published in 1483 in his work *De arte grammatica*, but it was first printed separately in Leipzig in 1503. It was one of those moral poems included in the *Auctores octo* mentioned above. There was a copy of it at Hólar in 1569,[66] so it must have been used in the

INTRODUCTION

cathedral school there from the beginning. The translation in the Hólar Cato is by Jón Bjarnason; it was sometimes known as Sulpiciusríma.

The Hólar Cato is in 8º, sigs. A-F. In the Fiske copy there are only three leaves of the sig. F, the fourth, which had the colophon, presumably being lost. Sulpicius' poem ends sig. F3a and is immediately followed by Latin prayers, which were apparently printed there in order to fill the signature. The second of these prayers (Benedictio mensæ) is by Melanchthon.

In view of the paucity of Icelandic translations from the classical languages, it is interesting to note that *Catonis Disticha* has been translated into Icelandic three times. The earliest version is the *Hugsvinnsmál* (The Speech of the Wise One), which is visibly under the influence of the Eddic tradition (cf. *Hávamál*). Opinions differ as to the date of this poem, but Björn M. Ólsen's suggestion appears as plausible as any. He thinks that it was made in the second half of the thirteenth century and that the unknown translator was the same as the unknown author of the *Sólarljóð*, *Hugsvinnsmál* being the earlier of the two poems. [67] The second translation of the *Disticha* is that by Jón Bjarnason in the Hólar Cato. The third, which covers only the first two books of the poem, is by Bjarni Gizurarson (ca. 1621-1712) of Thingmúli, a Lutheran minister and member of a family which counted many poets, including Bjarni's better-known cousin Stefán Ólafsson (ca. 1619-1688). [68] This translation is printed here for the first time.

I thought it worth while to print here as appendices the first and third versions of the *Disticha*, both because of their intrinsic interest and because a comparison of the three versions throws an interesting light on the three periods in the history of Icelandic poetical literature which they represent: the time of the gradual waning of the ancient poetry; the Reformation period with its rather clumsy poetry; and the beginnings of the seventeenth-century poetical revival whose most notable representatives are the cousins Bjarni and Stefán and Hallgrímur Pétursson.

xxix

INTRODUCTION

The present edition of the Hólar Cato reproduces *literatim* the text of the Fiske Collection's copy. It seemed unnecessary, however, to indicate such purely mechanical printer's errors as the inversion and (in most cases) transposition of letters or the occasional confusion of *x* and *r*, which are very similar in the type face used for the Icelandic text. Punctuation in headings is omitted, and a period is added at the end of passages which in the original edition have no end punctuation. The ampersand and the symbol for *og* used in the Icelandic text are written out, as are all other abbreviations. The italic type used for the Latin text of Cato and Sulpicius has both *æ* and *œ*, but since they are used indiscriminately, they are not distinguished here. The running heads are omitted. Letters torn from the margin or covered in binding are enclosed in square brackets. Such damage is almost entirely limited to the first leaf, and the passages in question have been compared with photostats of these two pages in the Arna-Magnæan copy, for which we owe thanks to the Royal Library of Copenhagen. The numbering of the distichs in Cato and Sulpicius has been added by the editor for easier reference. The text of *Hugsvinnsmál* is for the most part based on Finnur Jónsson's edition in his *Den norsk-islandske skjaldedigtning* (København, 1912-1915), A. II, pp. 167-197, B. II, pp. 185-210. [69] Bjarni Gizurarson's translation is printed from his autograph manuscript in the Royal Library of Copenhagen (Thott 473, 4°).

NOTES

1. *Hungrvaka*, chap. ii.
2. Versification *(versagörð)* as taught in mediaeval schools was principally the rhythmical versification *(dictamen rithmicum)*. We have a specimen of it in the Saga of Bishop Laurentius. While in Norway, Laurentius made a Latin verse about the abbess of Reynistad, and when he showed it to the archbishop, the archbishop reprimanded him for it, saying, *Versificatura nihil est nisi falsa figura*, to which Laurentius immediately answered, *Versificatura nihil est nisi maxima cura* (*Biskupa sögur*, I [Kaupmannahöfn, 1858], 799-800). It is also preserved in the folk tales about the contests between Sæmund Sigfússon and the Devil. The Devil began, *Hæc domus est alta;* Sæmund answered, *Si vis descendere, salta* (Jón Árnason, *Íslenzkar þjóðsögur*, I [Leipzig, 1862], 496).

NOTES

3. Identical with Thórodd Gamlason, also called *rúnameistari* because he improved upon the runic alphabet of sixteen letters by adding new signs for vowels or diphthongs. Cf. Björn M. Ólsen, *Runerne i den oldislandske literatur* (København, 1883), pp. 44 ff.
4. *Biskupa sögur*, I, 163-164, 168.
5. *Biskupa sögur*, I, 241.
6. *Ibid.*, p. 508.
7. *Ibid.*, pp. 793-794.
8. *Ibid.*, p. 831.
9. *The Life of Laurence Bishop of Hólar*, trans. by Oliver Elton (London, 1890), p. 91. *Biskupa sögur*, I, 846, 850, 902.
10. Finnur Jónsson, *Historia ecclesiastica Islandiæ* (Havniæ, 1772), I, 590; II, 219-220.
11. *Diplomatarium Islandicum*, VIII, 176-177. Bishop Jón Arason's letter of 1522 seems to refer to a Hólar school at the time of his predecessor (*Dipl. Isl.*, IX, 91).
12. *Hungrvaka*, chaps. x-xii.
13. *Ibid.*, chaps. xvii-xix.
14. *Biskupa sögur*, I, 90, 91, 103, 278.
15. *Ibid.*, I, 136. Cf., however, Ólafur Lárusson, " Kirknatal Páls biskups Jónssonar," *Skírnir*, CIX (1935), 16-37.
16. *Biskupa sögur*, I, 811.
17. *Dipl. Isl.*, VII, 181; VIII, 141, 254.
18. Cf. H. Hermannsson, *Sæmund Sigfússon and the Oddaverjar* (*Islandica*, vol. XXII [1932]), pp. 29-33.
19. *Sturlunga saga*, ed. by G. Vigfússon (Oxford, 1878), II, 211; ed. by K. Kålund (1911), II, 236; Björn M. Ólsen, *Den tredje og fjerde grammatiske Afhandling i Snorres Edda* (København, 1884), pp. xxxii-xlii.
20. H. Hermannsson, *Icelandic Manuscripts* (*Islandica*, vol. XIX [1929]), pp. 27-37.
21. *Islandica*, XV (1924), xvi-xvii. A deed of 1440 seems to point to schools at Helgafell and at Skálholt (*Dipl. Isl.*, IV, 614-615), and another of 1443 indicates training for the priesthood at Reynistad convent (*ibid.*, pp. 642-644).
22. For the history of schools in Iceland, see Finnur Jónsson, *Historia ecclesiastica Islandiæ*, vols. I-IV (Havniæ, 1772-1778); Jón Sigurðsson, " Um skóla á Íslandi," *Ný félagsrit*, II (1842), 67-167; Janus Jónsson, "Saga latínuskóla á Íslandi til 1846," *Tímarit hins íslenzka Bókmenntafélags*, XIV (1893), 1-97; Benjamín Kristjánsson, " Menntun presta á Íslandi," *Kirkjuritið*, XIII (1947), 2-31, 140-173, 233-258. Cf. also Magnús Már Lárusson, " Námskostnaður á miðöldum," *Nordæla* (Reykjavík, 1956), pp. 159-167. About the Icelandic cloisters, see Finnur Jónsson, *Historia monastica Islandiæ* (Havniæ, 1775; sep. repr. from his *Hist. eccles. Isl.*, vol. IV); Janus Jónsson, " Um klaustrin á Íslandi," *Tímarit hins íslenzka Bókmenntafélags*, VIII (1887), 174-265.
23. *Dipl. Isl.*, III, 618. Only once are works of classical antiquity listed in Icelandic medieval inventories. In that of the Hólar see of 1525 is

NOTES

entered Ovid's *De arte amandi*, together with Boëthius' *De philosophiæ consolatione*, *Auctoritas Aristoteles*, and *Albertus Magnus* (*Dipl. Isl.*, IX, 298). It is interesting to note that a manuscript of this work by Ovid was to be found at Hólar when Jón Ögmundsson was bishop (1105-1121), because in his saga it is told that once the bishop found Klæng Thorsteinsson, scholar there and afterwards bishop of Skálholt, surreptitiously reading *Ovidius epistolarum* (as some manuscripts of the oldest saga call it), and the bishop severely reprimanded him for reading so immoral a book (*Biskupa sögur*, I, 165-166, 237-238).

24. *Dipl. Isl.*, IV, 111.

25. This undoubtedly is the name of a Latin textbook. The title was later used by the fifteenth-century Humanist Antonius Liber, whose *Aurora grammatices* was printed about 1480. In the seventeenth century the Dane Thomas Bang used the title again, in his *Aurora latinitatis* (cf. Deacon Peer's words in Holberg's *Erasmus Montanus* : " Jeg er capabel at regne op den hele Aurora," Act I, scene 2).

26. The list which Christian the Second gives of schoolbooks he condemns and prescribes respectively in his law of 1522 is interesting : " Oc alle gamle *Alexandri Bøgher, Puerilia* med *Faceto, Per Laale, Equivocationes Matthæi, Sinonima Britonis, Joannes de Garlandia, Grecista, Labyrinthus*, oc alle andre gamle Bøgher, them skulle the antworde wor Skultus, och lade dem brende. Pro Puerilibus skall man lesse *Flores Vocabulorum Anthonii Manicellini*, pro *Faceto Cathonem*" (*Danske Magazin*, VI, 366, quoted by Axel Kock in his introduction to *Östnordiska och latinska medeltidsordspråk*, I [København, 1889-1894], 70).

27. *Vita Tobiæ* is included in the inventory of Mödruvellir cloister of 1461 (*Dipl. Isl.*, V, 288).

28. See *Islands grammatiske litteratur i middelalderen*, ed. by Finnur Jónsson, Verner Dahlerup, and Björn M. Ólsen, vols I-II (København 1884-1886). Especially to be noted are Björn M. Ólsen's introduction to vol. II; Anne Holtsmark, *En islandsk scholasticus fra det 12. århundrede* (Oslo, 1936); Magnus Olsen, " Den förste grammatiske Afhandling," *Arkiv för nordisk filologi*, LIII (1937), 109-146 (repr. in *Fra norrøn filologi* [Oslo, 1949], pp. 223-255); *First Grammatical Treatise : The Earliest Germanic Phonology*, ed. and trans. with a commentary by Einar Haugen (Language Monograph no. 25; Baltimore, 1950).

29. " Isländische Glossen," ed. by Hugo Gering in *Zeitschrift für deutsche Philologie*, IX (1878), 385-394; also in *Äldsta delen af Cod. 1812 4to Gml. kgl. Samling på kgl. Biblioteket i København, i diplomatarisk aftryck*, ed. by Ludvig Larsson (København, 1883), pp. 41-51.

30. Ed. by Björn M. Ólsen, in *Islands grammatiske litteratur i middelalderen*, II (København, 1886), 156-158.

31. See Einar Ólafur Sveinsson, " Lestrarkunnátta Íslendinga í fornöld," *Skírnir*, CXVIII (1944), 173-197.

32. *Kristni saga*, chap. xiii.

33. *Dipl. Isl.*, XI, 175-176.

34. *Ibid.*, pp. 176-178.

NOTES

35. *Ibid.*, pp. 179-180.
36. *Ibid.*, p. 750.
37. *Ibid.*, XII, 355-356, 359-360.
38. *Ibid.*, pp. 363-369; cf. also later royal instructions to the Governor General of 1555, *ibid.*, XIII, 12-13, 16-17.
39. These two translations and the Latin original are printed in *Dipl. Isl.*, X, 117-328.
40. See Páll E. Ólason, *Menn og menntir siðskiptaaldarinnar á Íslandi*, III (Reykjavik, 1924), 437-443, 699-707.
41. *Bréfabók Guðbrands byskups Þorlákssonar* (Reykjavík, 1919-1942), p. 542. The testimonial from which this statement is taken is worth quoting in full : " Vitnisburdur Nordan-Jons. Það sie kunnugt godum monnum sem þetta bref sia eda heyra. ad med þui eg hef beden verid vm vitnisburd vegna Jons Jonssonar. sem hier var j skola a Holum fyrir nockrum Aarum. þa segi eg það med sannindum. ad eg liet hann ecki burt vr skolanum fyrir stuld eda annan nockurn strakskap. eda pilltskap. eda lygar. helldur fyrir hans tornæme og skilningsleyse j latinu mäle þar hann var hier mørg ar j skola. Enn lærdi þo ecki so mier þætte hann dugligur vera til prestzembættis. Þar fyrir vard eg ad vijsa honum fra skolanum. og taka j staden hans annann pillt þann sem jngenium hafdi til ad læra. þui þessi skole er stiptadur fyrir latinumäl. enn ecki annad."
42. Cf. H. Hermannsson, *Icelandic Books of the Seventeenth Century* (*Islandica*, vol. XIV [1922]), p. 67.
43. *Ibid.*, p. 28.
44. *Ibid.*, pp. 50-51.
45. *Ibid.*, pp. 19-20.
46. *Ibid.*, pp. 108-109.
47. Both Arngrímur Jónsson and Bishop Thorlákur Skúlason refer to this work in letters to Ole Worm. See *Ole Worm's Correspondence with Icelanders*, ed. by Jakob Benediktsson (Copenhagen, 1948), pp. 2, 309; and cf. *Islandica*, XIV, 96; P. E. Ólason, *Menn og menntir*, IV (1926), 209, 287; Jakob Benediktsson, *Arngrímur Jónsson and His Works* (Copenhagen, 1957), p. 64.
48. W. Fiske, *Bibliographical Notices*, IV (1889), no. 37.
49. Cf. Bishop Thorlákur's words in his letter to Worm referred to above : " Lexicis Latino-Islandicis manuscriptis in schola nostra vulgo utuntur, iisque valde mendose consignatis, uti apud orthographiæ parum peritos evenire solet."
50. The teacher was Gísli Einarsson, rector of the Skálholt School from 1651 to 1661, the first Icelander to write an almanac (Copenhagen, 1650). See Jón Halldórsson, *Skólameistarar í Skálholti* (Reykjavík, 1916-1918), pp. 139-142; *Islandica*, XIV, 24.
51. See Páll E. Ólason and Þorkell Jóhannesson, *Saga Íslendinga*, VI (Reykjavík, 1943), 170-172, 191-192, 202-203.
52. *Ibid.*, pp. 172-181.
53. *Lovsamling for Island*, II (1853), 435-470.
54. *Ibid.*, V (1855), 182-187.

xxxiii

NOTES

55. *Ibid.*, VI (1856), 530-531; cf. 532-534.
56. Jón Helgason, " Bókasafn Brynjólfs biskups," *Landsbókasafn Íslands, Árbók*, III-IV (1946-1947), 115-147.
57. W. J. Chase, *The Distichs of Cato : A Famous Medieval Textbook* (Madison, Wis., 1922), p. 11.
58. Joseph Nève, *Catonis Disticha : Facsimilés, notes, liste des éditions du XVe siècle* (Liége, 1926), pp. 77-118.
59. *Islands grammatiske litteratur i middelalderen*, I, 34.
60. For a description of the Fiske copy, see W. Fiske, *Bibliographical Notices*, VI (1907), 8-12, and *Islandica*, XIV (1922), 15-17. In the preface to his translation of Siegmund Svevus' *Speculum amicitiæ*, printed at Hólar in 1618, Sveinn Símonarson quotes one of Cato's distichs (I, 20) with Jón Bjarnason's rhymed translation, but he may, of course, have known the poem in manuscript, so that no conclusion about the date of printing can be based on this reference.
61. See Páll E. Ólason, *Menn og menntir*, IV, 600-610. Jón Bjarnason's *Heilræðaríma*, a versified collection of good advice addressed to his son, is printed in *Blanda*, II (1921-1923), 75-89. It is full of Catonic echoes.
62. " Ludus septem sapientum," in Ausonius, *Opera* (Biponti, 1785), pp. 137-146. This is the 67th edition of his collected works.
63. " Eorundem septem sapientum sententiæ septenis versibus ab eodem Ausonio explicatæ," *ibid.*, pp. 147-150.
64. Erasmus' heading is as follows : " Dicta sapientum e Græcis, ut habebantur a nescio quo græculo utcunque collecta, Erasmo interprete."
65. See Lauritz Nielsen, *Boghistoriske Studier* (København, 1923), pp. 136-137. There is a later edition of this work, Rostock, 1575.
66. Mentioned in *Sigurðarregistur;* see *Dipl. Isl.*, XV, 215.
67. *Sólarljóð*, ed. by Björn M. Ólsen (Reykjavík, 1915), pp. 63-73. Cf. also titles in *Islandica*, XIII (1920), 60-61.
68. Very little of Bjarni Gizurarson's poetry has been published. A few poems are printed in *Íslenzkar gátur, skemtanir, vikivakar og þulur*, III (Kaupmannahöfn, 1894), 215-223, and IV (Kaupmannahöfn, 1898-1903), 119-122; and his *Hrakfallabálkur* is included in *Nockur Gaman-Kvædi, orkt af Ymsum Skáldum á 18du Øld*, ed. by Þórarinn Sveinsson (Copenhagen, 1832), pp. 53-65. See also Stefán Einarsson, *A History of Icelandic Literature* (New York, 1957), p. 202.
69. Other editions are : *Hugsvinns-mál, ásamt þeirra latínska Frumriti*, ed. by Hallgrímur Scheving (Videy, 1831), 34 pp., 8°; " Úr Hugsvinnsmálum " (40 strophes), in Konráð Gíslason, *Fire og fyrretyve Prøver af oldnordisk Sprog og Literatur* (København, 1860) pp. 529-552; *Hugsvinnsmál* hrsgg. von Hugo Gering (Kiel, 1907), xiii, 39 pp., 8°; E. A. Kock, *Den norsk-isländska skaldediktningen*, II (Lund, 1949), 96-110. See also Gerhard Alexander, " Studien über die Hugsvinnsmál," *ZfdA.*, LXVIII (1931), 97-127.

THE HÓLAR CATO

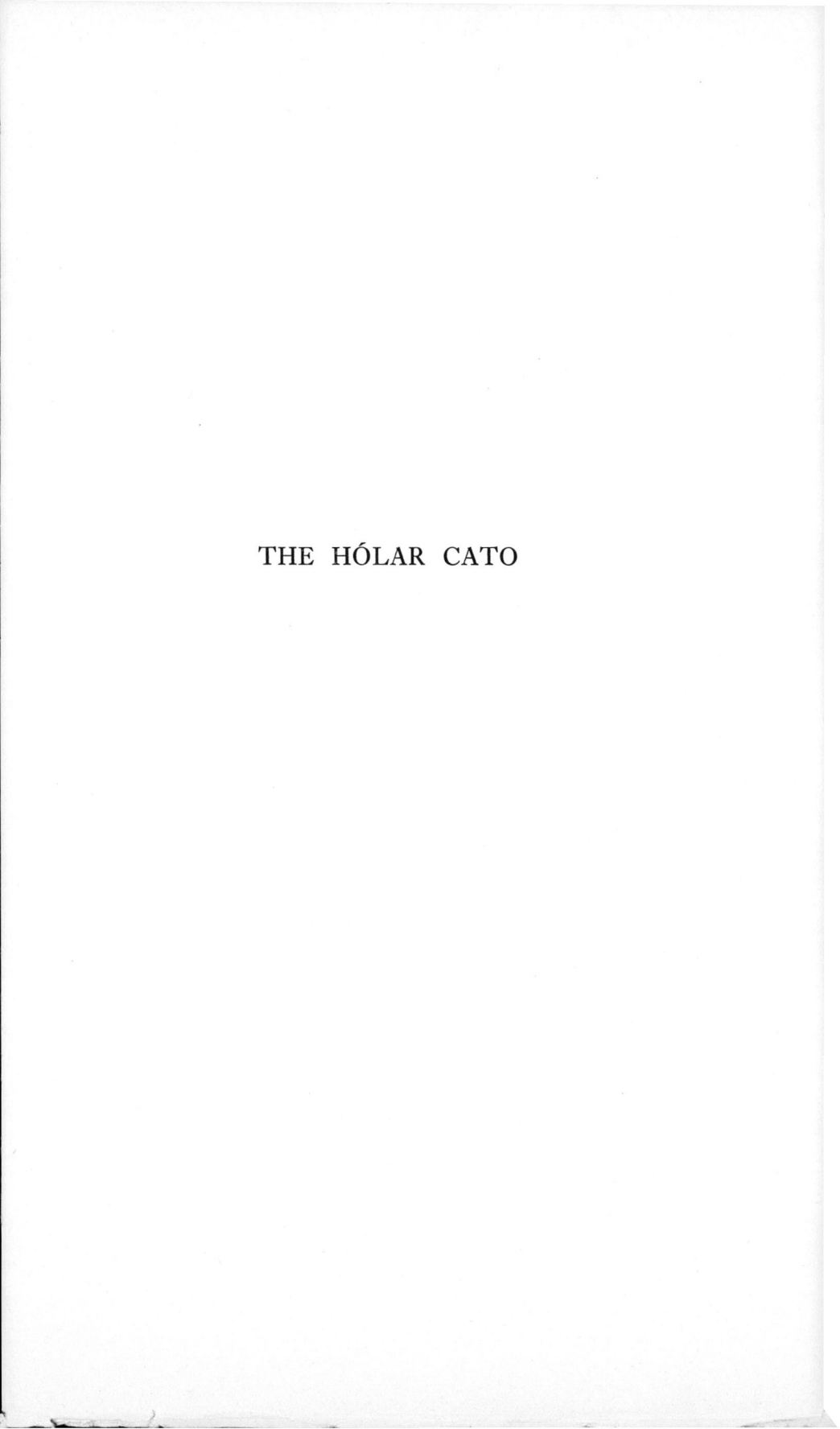

C A T O.
VEL.
DISTICA MORALIA
Catonis
Þad Er
Hugsvins maal/ eda Heilræd[e]
Snuen j Liodalag og Vijsna/ Ofrod
um Vngdome/ og lijka þeim elld
re til Nytsemdar/ sem Hygginde
hafa kiær/ og godum Sid
um gegna vilia.
Af
Sijra Jone Bjarnar syne.
DICTA SEPTEM SAPIENTV[M]
Grecię, Latine & Vernacule.
Þad er
Spakmæle siø Gricklands
Spekinga.
SVLPICIVS DE CIVILITATE
Morum.
Vm Hegdan og Hæversku þeirra
sem sidsamer vilia vera.

Liod

[Heyre Se]gger þeir ed Sidseme læ[ra vilia] og Godverk giöra/ Heilræde sem [heiden M]adur *(Cato)* kiende Syne Sijnum.

Vijsann

Spektar maal sem Madur einn vijs [mæ]llte Synenum kiæra/ Huör sem girnest [Hei]dur og Prijs/ þau heyra skyllde og [læra].

Nunc te, Fili carissime, docebo, quo pacto mores Animi tui componas, Igitur Præcepta mea ita legas, vt intelligas. Legere enim et non intelligere, est [ne]gligere.

Liod

Þier vil eg kienna Sonur minn kiære [Lijfs] hyggende/ og Hegdun goda/ Les þu [so ad] lijka nemer/ tel eg þad annars tynt [með] öllu.

Vijsan

Son minn kiær þier fæ eg og fel/ for[nt a]f Visku brunne/ so þitt Hugvit van[ed v]el/ varygd marga kunne.

[He]yrdu ment sem Bok þier bar/ j [Brioste] skalltu geyma/ Skyrt sa les ef ski[lur] ei par/ Skiotlega mun þa gleyma.

1. *Deo supplica.* 2. *Parentes ama.* [3.] *Cognatos cole.*

1. Gud þinn skalltu göfgua framast og vammalaus vera/ 2. Fedgin elska/ akta og hlyda/ 3. Ræk alla þijna Ætt :

Ædstu lotning öngua Stygd/ aattu Gude ad syna. Og Forelldrana elska af Dygd Ættmenn ræk þu þijna.

4. *Datum serva.*

Huad þier fyrr var faled a Hendur lat Truskap þinn taallaust geyma/ og godan Grip sem gaf þier Vinur/ leinge eigdu/ og legg j minne.

Huad sem var þier truad til/ taallaust skalltu hirda/ Vinargiöf ef gieck j vil geyma og leinge virda.

5. *Cum bonis ambula,* 6. *Mundus esto.* 7. *Ad consilium non accesseris antequam vocaris.*

Fylg þu godum/ enn gack jllum fra Hreinlæte þig huörn Dag pryde/ Kios þier vissan Verkatijma/ Enn fyrer raad framm rasadu huörge.

DISTICA CATONIS

Med þeim fromu gack þu gladur/ giedsemd ræktu sanna/ ecke far þu okalladur/ j Raadstefnu Manna.

9 [sic]. *Saluta libenter.*

Huar þu finnur Mann/ fer eda kemur/ vijk þu af þier Vinskaps ordum/ Slijkt Avarp gott med Gledeyrdum/ hugnast vel og velldur Hygle.
Heilsadu giarnan huar þu kiemur/ eda hitter Mann a Veige/ Kiærleiks þessu Kuedian nemur/ ad Kynning batna meige.

10. *Maiori cede.* 11. *Minori parce.*

Voga þu ei vid ofurefle Lister ad þreyta/ laat þui vndan. Vertu þeim er ma sier minna vidhlijfen og vægdarsamur/
Vid þann meira er Megn j hia/ mun þier braak ad stijma/ hlijfst vid huörn sem minna ma/ Menn best jafner glijma.

12. *Rem tuam custodi.* 13. *Verecundiam serua.*

12. Vtlaatum fiar og Adsialeik/ laat Hoof raada a huörutueggiu.
13. Geym þig hreinan Hollds af Girndum/ Skyrlijfe er Skötnum Æra.
Hirda giördu fenged Fie/ og forsiall Skamten stilla/ Lijfenu ecke laat j tie/ Lysting Hollds ad fylla.

14. *Diligentiam adhibe.* 15. *Libros lege :*

14. Alwd stodar j Atburdum/ þrekvirke stor þraatt ad vinna/
15. Bokalestur batar mijked/ þann þad geymer er gott þær kiendu.
Aunn skal fylgia furdu hart/ Forgangs Syslu þinne : Haf þu Lyst ad lesa margt/ enn leggia gott j minne.

16. *Familiam cura.* 17. *Blandus esto.* 18. *Irasci abs re noli.*

16. Hws þijn skalltu og Hiw rækia/ 17. Og blijdmælltur Bærarfolke. 18. Reidst ei meir enn Raun tilfellur/ þo þig stundum sturle nöckud.
Hirten vert vm Hws og Hiw : Hyr og gladur vid Lyde/ Ad raunarlausu reidst ei þu/ Roo er Bæar pryde.

19. *Neminem irriseris.* 20. *Mutuum dato :* 21. *Cui des videto.*

19. Spornadu vid ad spea nöckurn/ nie Gys giöra ad giæfulitlum :

5

20. Þegar Eign þijna ödrum laanar/ 21. Hygg ad aadur huör vid tekur.

Atlaatre ad önguum ber/ aumum sijst þo vijkia. Laanadu fws/ enn þeim þu sier ad þig mun ecke suijkia.

22. *Iudicio adesto.* 23. *Convivare raro.* 24. *Quod satis est dormi.*
22. Lögskil aattu avallt fylla. 23. Enn a Sumlum sialldan sitia. 24. Til Suefns stunda set þier maata/ sem þörf krefur þo meira lyste. A Lögboden far þu fund. Fordast Dryckiur giarnan. Haf so nogan Nadar blund/ sem Natturunne þarnar.

25. *Iusiurandum serva.* 26. *Pugna pro patria.*
25. Heit og Eida efn þu dyggur/ og gack ei a giördar Trygder : 26. Og Fosturland þitt ver þu Odde og Eggiu.

Eid þinn hallt og önnur heit/ eins sem riedstu sueria. Odal Jörd og ættarreit er þier skyllt ad veria.

27. *Nil temere credideris.* 28. *Tuto consule.* 29. *Meretricem fuge* :
27. Vertu ei audur öllu ad trua. 28. Enn heilraadur huörium Manne. 29. Hafna þu aastum jllra Kuenna.

Audtrua þu ecke siert/ enn öllum heill j raadum/ Sambwd Skiækiu skwfa þu þuert/ so Skadanum varner braadum.

30. *Nil Mentiri debes.* 31. *Bonis bene facito.* 32. *Maledicus ne esto.*

30. Aungua Lyge nie Ordaskiemder laat þier til annars vm Munn fara. 31. Velgiörd þijna veit þu godum. 32. Fly Blot og Bæner jllar.

Eingen Lyge leyfest þier/ Last nie skiemdar yrde : Giör þeim gott sem godur er/ og Giöf er von ad virde.

33. *Existimationem retine.* 34. *Æquum judica.* 35. *Parentes patientia vince.*

33. Romsæll vert af rijkre Dygd : 34. Riettdæmur og Reide stilltur. 35. Gied Forelldra Grimt þo være/ þu skallt vinna med Þolenmæde.

Mannord dyrt þu elska att/ og Alit riett ad finna/ Forelldra skalltu þijna þratt med Þolenmæde vjnna.

36. *Beneficij accepti memor esto.* 37. *Ad pretorium stato.* 38. *Consultus esto, Vtere Virtute.*

36. Velgiörd liufa legg j minne/ og haf vid allt hreinar Trygder. 37. Hlyd þu giarnan til Hyggenda/ 38. hafna þu Löstum/ og kynst vid goda.

Þeigen goda minnast matt/ og mest med Dygdum vinna/ Þangad leider legg þu þratt er Lærdom mætter finna.

39. *Nihil ex arbitrio virium feceris.* 40. *Minorem te ne contemseris:*

39. Fylg þu ei orku j öllum Verkum laat þad raada sem leyfelegt være. 40. Ogöfgan skallt ei hæda/ nie minna Mann miög forakta.

Verkum Mans skal megned sijdur/ Maaten helldur raada/ Legg ei þeim er Læging lijdur Last edur Mijnkun braada.

41. *Aliena concupiscere noli.* 42. *Coniugem ama.* 43. *Liberos erudi.* 44. *Patere Legem quam ipse tulisti.*

41. Gots annarligt girnstu eige. 42. Legg þu aast vid Ektakonu. 43. Menta þu Börn og sem best aga. 44. Hallt Lög þu sialfur setter.

Girnst ei þad sem annars er/ vnn þu Konu þinne. Mentadu Börn/ og biodtu þier/ huad baudstu j Lögum jnne.

45. *Pauca in convivio loquere.* 46. *Illud stude quod justum est.* 47. *Amorem libenter ferto.*

45. Haf ei Mælge a Mannamotum. 46. Þad eitt stunda er stefnlegt þætte/ 47. Þann þig elska vill/ og adhyllast/ lijd þu vel enn varna ecke.

A Samkundu siertu tuistur/ enn sæken gods ad leita. Ver þeim ei sem er til lystur elsku þier ad veita.

LIBER PRIMUS
Catonis

1. *Si Deus est Animus nobis vt Carmina dicunt :*
   Hic tibi præcipue sit pura Mente colendus.

   Gud er Ande helgur og klaar/ þui er hid hæsta allra Raada/ hann ad rækia af hreinum huga/ og yfer allt framm ad elska og dyrka.

   Gud er Ande einka hreinn/ er þui skyllt ad huör og einn/ af klarum gøfge huganum hann/ hellst og best sem verda kann.

2. *Plus vigila semper, nec somno deditus esto.*
   Nam diuturna quies vitijs alimenta ministrat.

   Ofsuefn lat þig alldrei tæla/ Vökur hooflegar hæfa lijfe/ Huör hann legst j langa Suefna sa mun Lete og Löstum safna :

   Vakan jöfn a vel vid Mann/ ven þig ecke suefnugan/ ef þig suæfa langar Legur/ lastakeim þad med sier dregur :

3. *Virtutem primam esse puta, compescere Lingvam*
   Proximus ille Deo, qui scit Ratione tacere.

   Omalugur og Ordstilltur/ Mannkost hefur mørgu betra/ Gude sialfum geingur nærre/ sa sem j Tungu trur er reyndur.

   Heidurskost eg hædstan tel/ ad hepta og stilla Tungu vel/ Huör sem þeiger þegar hann aa/ er þeckur Gude og lijkur sa.

4. *Sperne repugnando tibi tu contrarius esse*
   Conveniet nulli, qui secum dissidet ipse.

   Omisgiarn þier alldrei verer/ helldur sattur og sammaala/ ödrum sijdur er samhuga/ sa sem sier er sialfur a mote.

   Stormensku so stilla ber/ ad strijder ecke sialfum þier/ ødrum fylgia sa mun sijst/ er sier j öllu mote bryst.

5. *Si vitam inspicias hominum si denique mores*
   Cum culpent Alios, nemo sine Crimine vivit.

   Ef þu hyggur ad yta Lijfe/ of profar Sidu þeirra : Audrum last þo leggia vilie/ þa lifer so eingen ad lyte ei nöckud.

   Ef þu hyggur Hegdun ad/ huörs eins Mans þa sier þu þad/ ad adra giarna vijtum vier enn vammalaus þo eingen er.

6. *Quæ nocitura tenes, quamvis sint cara relinque.*
Vtilitas opibus preponi tempore debet.

Ef attu það þier Ogagn vinnur/ gief það fra þier þo gott þike/ Velferd þijna virtu meir enn Fied/ opt það skadar er jnndællt þotte.

Gack fra þui sem grand er ad/ þo Girndarhuguren elske það : Gagn þitt meir þu met enn Fie/ Margt er jllt þo fagurt sie.

7. *Constans et lenis, vt res expostulat esto*
Temporibus mores sapiens sine crimine mutat.

Blijdur vertu og bradlyndur/ so sem Þörfen þar til fellur/ Giede og Sidum giegner skipta/ ovijtter/ þo epter Tijma.

Vertu eins og Ordsök fellur/ j Lynde hyr enn stundum suellur/ Sidønum breyta suinnur kann/ so það ecke lyter hann :

8. *Nil temere vxori de servis crede querenti.*
Sæpe etenim mulier quem coniunx diligit odit.

Tru þu ei Kueinstöfun Konu þinnar/ þo Vinnuhiu hun vijte giarnan/ Þræl hollan þier hatar hun stundom/ reyndu sialfur satt j efne.

Hwsfrw þinne hlyd þu vart/ hun þo skullde þræla margt/ hun þui løngum hatar þann/ sem hefur þu kiæran Vinnumann :

9. *Cumque mones aliquem, nec se velit ipse moneri*
Si tibi sit carus, noli desistere cæptis :

Þeim þu gott villt giarnan kienna/ Enn hann þrymur og þeckest jlla/ Sie þier þesse saar j Brioste/ þa laat Aminning ecke duijna.

Vin þinn ef þu aminner/ sem ecke vill þo sia ad sier/ a Vpptekt lattu ønguan stans/ einkum sie þier kiært til hans :

10. *Contra verbosos noli contendere verbis*
Sermo datur cunctis animi sapientia paucis.

Vid maalugan þo misvitrann kapplaus vertu Kijf ad þreyta/ Maalfære greitt marger hafa enn Mannvits nægd myklu færre.

Skipt ei Ordum Skrafmenn vid/ skiedur það opt þeir sturla Frid/ Ordnott Maals þui marger na/ enn Mannvits speke færre fa.

THE HÓLAR CATO

11. *Dilige sic alios vt sis tibi carus amicus :*
    Sic bonus esto bonis ne te mala damna seqvantur.

    So framt skalltu sier huörn elska/ ad sialfs Vinur siert þo bestur/ Og huad gott þu giører ödrum/ skickadu so þier skadlaust verde :

    So skal Vinum veita flest/ ad vilier þu þier sialfum best/ og so syna godum gott/ ad giøre þier ecke Tion nie Spott.

12. *Rumores fuge, ne incipias novus author haberi.*
    Nam nulli tacuisse nocet, nocet esse locutum.

    Seig þu ei fyrstur fersk Tijdende/ so ad ei kome j Koll þier aptur/ Bæge er ei ad bindast Orda/ enn skraf mijked skadar løngum :

    Faræden j Frettum vert/ ad fyrer þeim ei hafdur siert/ Saklaus er su Þögnen þier/ enn þeim er hætt er skrafen er.

13. *Rem tibi promissam certo promittere noli.*
    Rara fides ideo, quia multi multa loqvuntur.

    Audrum skalltu ei stadlofa/ þui sem þier hiet aadur annar/ Sønn Trufesta er torfeingen/ enn Brwk mijked blecker margann.

    Eflaust lofa önguum aatt/ annar þui sem heit [*sic*] þier þraatt/ bregst þui Tru ad Brwked velldur/ Brygdmælgennar margur gelldur.

14. *Cum quis te laudat Jvdex tuus esse memento.*
    Plus alijs de te quam tu tibi credere noli.

    Metnast ei þo Menn þig lofe/ Lijttu a riett huad raunar er. Tru þu ei ödrum vm þig betur enn þier sialfum/ er satt veitst glögguast.

    Huör sem giører ad hæla þier/ hygg þu ad þui sem sannast er/ Tru þu ei ödrum vm þig betur/ er øllu sialfur nærre getur.

15. *Officium alterius multis narrare memento*
    Atque alijs cum tu benefeceris, ipse fileto [sic].

    Goda þann þier giørde nøckur/ skalltu muna og mørgum seigia/ Enn Dugnad þinn ödrum veittan/ þier hæfer litt ad hafa med Ordum.

DISTICA CATONIS

Annars velgiørd veitta þier/ Virda og mørgum seigia ber.
Vtlaat þijn þu ecke tel/ ödrum þo þu duger vel.

16. *Multorum cum facta senex et dicta recenses*
Fac tibi succurrant Juvenis quæ feceris ipse.

Þa þu j Elle þyder ödrum/ Ord og giörder jmsra Manna/ skyllde Athæfe æsku þinnar þier Sæmd og Gagn sialfum færa.

Ord og giörder Gumna þa/ gamall þu villt ødrum tia : Sie þier mest til Sæmda þad er sialfur hafdest vngur ad.

17. *Ne cures si quis tacito sermone loquatur*
Conscius ipse sibi, de se putat omnia dici.

Giøra skal þier þad Grunsemd öngua/ a Einmælum sem adrer tala/ Vænter sa sem veit sijn nöckud/ ad vidrædan huør vid sig kome.

Hægt sie þier og j Huganum rott/ þo huijslest Menn edur ræde hliott/ Sakbiten opt vgger Mann/ ad allt mune vera skrafad vm hann :

18. *Cum fueris felix, quæ sunt aduersa caveto.*
Non eodem cursu respondent vltima primis.

Varast skalltu vel þegar geingur/ huad sem þier ma Hnecker vinna. Enn þo vpphaf jndællt þike/ þa kann Ender annar ad verda.

Nær þier Sælan sest j hia/ sia vid þui sem hneckia ma. Sie þad fyrsta sett med Prijs/ sijdasta mun ødruvijs.

19. *Cum dubia et fragilis sit nobis vita tributa*
In mortem alterius spem tu tibi ponere noli.

Fyrst vær Lijfed fallvallt höfum/ og Alldurs vors öngua vissu/ Þa þarf eingen annars Dauda/ gagns von sijna glögt ad hallda.

Allra vor j Verölldu hier/ veykt og brigdullt Lijfed er. Annars Dauda eingen son/ ætle sijna Luckuvon.

20. *Exiguum munus cum dat tibi pauper amicus*
Accipito placide plene et laudare memento.

Ef þier Vinur sa voladur er/ Gaafu litla giörer ad veita/ Liuflega þigg þu/ og laat vel yfer/ þui aast fylger aums giöfum.

Litla Giøf ef fws þier fær/ fatækur þinn Vinur kiær/ Liuflega skalltu þiggia þad/ þacka vel og daadst þar ad :

21. *Infantem nudum cum te Natura crearit.*
Paupertatis onus patienter ferre memento.

Naatturan so sialfraad villde/ þig naked Barn berast laata/ Þeink þu jafnan þui ad bera/ Þyngsl fatæktar/ med Þolenmæde :

Skapadur varstu Barned bert/ og boren eins j Heimen ert/ Fatækt þunga þeink avallt/ þolenmoodur lijda skallt.

22. *Ne timeas illam quæ vitæ est vltima finis :*
Qui mortem metuit, quod vivit perdit id ipsum.

Ber þu ei Vgg nie Angur hugar/ fyrer Alldre þijnum og æfelokum/ Sa vid Dauda driugum kuijder/ notum Lijfsins lijka tyner.

Hafdu ei Vgg nie jllan grun/ Andlaat þitt huört verda mun. Fargan Lijfsins fellur nidur ef frekt þu Dauda kuijder vidur.

23. *Si tibi pro meritis nemo respondet amicus.*
Incusare Deum noli, sed te ipse coërce :

Ef þier Viner j Velgiørdum/ midur launa enn maklegt være. Søk þess Gude gief þu øngua/ helldur giegn j giøfum verer.

Velgiørdum ef viner a mot/ vangiallda þier Kiærleiks hoot/ kiendu ei Gude soddan Sid/ sia þig helldur Giøfunum vid.

24. *Ne tibi quid desit, quæsitis vtere parce.*
Vtque quod est serues, semper tibi deesse putato.

Hoflega Eyd þu afla þijnum/ ad þig sijdur sæke Skortur. So þier lode Laan vid hendur afla þu sem eckert være.

Neyt þijns Afla nöckurn part/ nytsamt þo þig vante margt. Enn so ad halldest Eign og Fie/ vtvega sem eckert sie.

25. *Quod præstare potes, ne bis promiseris vlli.*
Ne sis ventosus dum vis vrbanus haberi.

Lofadu önguum opt þui sama/ sem villt og kant vel ad enda. Sijmalugs Ord sumum virdast/ Vinde lijk og laus ad reyna.

Hlutnum sama heit ei þratt/ hæglega sem þu enda matt. Sijmælge a sijst vid gied/ ef sidugum villtu teljast med.

26. *Qui simulat verbis nec corde est fidus amicus*
Tu quoque fac simile, sic ars diluditur arte.

Sie þinn Vinur sætur j Ordum/ þar Otru veist vnderbua. Lat glýsyrde j gien koma, kemur so Bragde Krokur a mote. Einn sem lætur j Orde blijtt/ og er þier trur j Hiarta lijtt. Hafdu slijkan Slag vid hann/ slægd huør adra vinna kann.

27. *Noli homines blandos nimium sermone probare*
Fistula dule [i.e. *dulce*] *canit volucrem dum decipit auceps.*

Hafdu jllan Grun a kiæssmælum/ ad sa þau hefur suijkia kunne/ Pijpusaungur sætur ad heyra/ blecker Fugl og Bana hans velldur.

Miøg blijtt huør sem mæla kann/ met þu ei epter Ordum hann/ Saunguren Pijpu er sætur og hægur/ þa suikur Fuglen Maduren slægur.

28. *Si tibi sint nati nec opes tunc artibus illos*
Instrue, quo possint inopem defendere vitam.

Erfingia ef þier auded verdur/ enn fieleyse fylger lijka/ menntadu þa so med æru/ sitt volad Lijf veria kunne.

Eiger þu Børn enn eckert Fie/ Iþrotter þeim kendar sie/ So fra Volad verde kuitt/ og verndad giete Lijfed sitt.

29. *Quod vile est carum, Quod carum est vile putato.*
Sic tibi nec parcus nec auarus habeberis vlli.

Met þad ei sem mijked kostar/ enn verd lijtid vel dyrt hallder. Sijnkur og agiarn seigest þu ecke/ mun sa sæll er sijnu vner.

Vird þad dyrt sem vert er lijtt/ verdminna huad sagt er frijtt/ So þig eingenn seigia kann sijnkann miög nie Agiarnan.

30. *Quæ culpare soles, ea tu ne feceris ipse.*
Turpe est doctori, cum culpa redarguit ipsum.

Huad þu löngum laer ödrum/ giör þad sama sialfur ecke/ Ma þier valla ad vijta nøckurn þar Hegdan lijk hia þier lender.

Huad þu finnur ødrum ad/ ecke lat þier verda þad. Liott er þegar Læraran lyter þad sem straffar hann.

31. *Quod justum est petito, vel quod videatur honestum,*
Nam stultum est petere id quod possit jure negari.

Þess skal bidia sem Þörf krefur/ og vel somer ad veitt være.
Fauiska þa fylger Bonum ef betur fer bednu ad neita.
Breka þu þess sem bidia ber/ og bate er j ad veitest þier.
Heimsku Boner haf þu ei/ þar hinum er riett ad seigia nei.

32. *Ignotum tibi nolito præponere notis.*
Cognita judicio constant incognita casu.

Okunnugt skallt eckert virda/ framar enn sem þad þu giørla þecker. Best kantu vid þad þu kynntest leinge/ Vm hitt er Von ovijs helldur.

Okient met þu eckert snögt/ yfer þad sem þecker glögt. Odult er þier avallt þitt/ vnder Von er Raun vm hitt.

33. *Cum dubia incertis versetur vita periclis.*
Pro lucro tibi pone diem quicunque laboras:

Lijfed er statt j storum Haska/ kemur Sott og hel sijst þa varer. Daguren huör er dyr Abate/ þui vertu þier nytur ad nöckru.

Lijfed er vallt og velltest þui/ Voda og haska huør Mann i/ Daguren huör sem duelst þu hier ? [*sic*] dyr Abate reiknest þier.

34. *Vincere cum possis, interdum cede sodali,*
Obsequio quoniam dulces retinentur Amici.

Lagsmanne þijnum laattu vndan/ j sumum efnum þo sigra meiger: Soddan Giæfa og good Tilleitne/ Vinskap eykur og varer þo leinge.

Vid stallbroder stundum att/ stilla þig þa meira maatt/ Su Tilhlidun temprar aast/ er trygda Mönnum sialldan braast.

35. *Ne dubites cum magna petas impendere parva*
His etenim rebus coniungit gratia caros.

Tijmdu litlu til ad kosta/ so þu meira myklu naer. Kiænska þesse Kiærleik stofnar/ og Vinfeste veiter laungum.

Efa þig ei vm vtlaat sma/ þar vppgrip stor þu stundar a: Vidskipten þui vallda slijk/ ad Vinattan sie föst og rijk.

36. *Litem inferre cave cum quo tibi gratia juncta est:*
Jra odium generat, Concordia nutrit amorem.

Kueiktu ei vid þann kijf med Deilu/ sem þu Vinskap vid

hefur bunded.   Reide og þræta þuerwd getur/ enn Samlynde sanna elsku :

Vid kiæran vin þu kosta Frid/ Kijf og deilu varna vid/ Reiden Hatre safnar sier/ Samlynde til aastar er.

37. *Servorum ob culpam cum te dolor vrget in iram*
Jpse tibi moderare, tuis vt parcere possis.

Ef Vinnuhiu vid þig briota/ so Gridmønnum gramur verder/ seinkadu Hefnd medann sefast Reide/ vel so þijnum væga kunner.

Vinnufolk ef forsier sig/ og frekt til Reide neyder þig/ hefnstu ei fyrr enn heipt er lægd/ so hinum faer þu synda vægd.

38. *Qvem superare potes, interdum vince ferendo*
Maxima enim morum semper patientia virtus.

Þann þu orkar ad yferbuga/ vægiande skallt vinna stundum. Laat þier þecka Þolenmæde/ hun ber hædstan Heidur af Dygdum.

Mann stadlijten Styriölld j/ stundum lijd og vinn med þui/ Þolenmæde dyrust Dygd/ datt er lofud vm Heimsins Bygd.

39. *Conserva potius qvæ jam sunt parta labore*
Cum labor in damno est, crescit mortalis egestas.

Hafdu feingens Fiar Fyrersion goda/ sem aflader med Erfide : Enn fyrer Eyddu eiga ad briotast/ Armood giører jnn til Dauda.

Med Erfide aflad Fie/ vmsia þu so holped sie. Tion ad rietta tekst þier midur/ tredstu fyrr j Fatækt nidur.

40. *Dapsilis interdum notis caris et amicis*
Cum fueris felix semper tibi proximus esto.

Nidium Vinum og Nakomnum/ vertu ör af Audlegd þinne. Þeim optliga/ enn þier jafnan/ Velsemd besta veiter sialfum.

I Velgeingne vertu milldur/ Vinum Frændum Grönnum gilldur.   Optlega þeim/ enn allt jafnt þier/ örlatastur sialfum ver.

LIBER SECVNDVS

Telluris si forte, velis cognoscere cultus,
Virgilium legito : quod si mage nosce laboras
Herbarum vires, Macer tibi carmine dicet.
Si Romana cupis et Punica noscere bella :
Lucanum qværas, qvi Martis prælia dicet :
Si qvid amare libet vel discere amare legendo
Nasonem petito : sin autem cura tibi hæc est
Vt sapiens vivas audi qvo discere possis.
Per qvæ semotum vitijs traducitur ævum.
Ergo ades, et qvæ sit sapientia, disce legendo.

Jartdaryrkian ef þier skyllde Auøgst færa Virgilium þu verdur ad hræra Verknad þann so mætter læra.

Villtu grunda Grasanna Krapt og gagned hreina/ Macer þessa Mentan eina/ merkelega giörer ad greina :

Ef Romueria Volldug Verk þu villt þier kynna/ Lucanus mun liosast jnna/ huad lient var þeim j Strijde ad vinna.

Þeir sem Ammurs aumar Lister jdka nenna allmijked vm Aster Kuenna/ Ovidius þeim giører ad kienna.

Sie þier Hugur a Hyggendum og hosku æde... [1]/ heyrdu huørnen Frodleiks Fræde/ fær þu lært og hallded bæde.

So þitt Lijfed leidest framm med Lofstyr hreinum/ laust og kuitt fra Lastameinum/ og lyktest so med Sæmdum einum :

Birte eg þier minn blijde Son huad Boken seiger/ lesande so læra meiger/ Lijfs haatt þann þu girnast eiger.

1. *Si potes ignotis etiam prodesse memento.*
Vtilius regno, meritis acqvirere amicos.

Giördu okiendum Gagn ef mætter/ mun þad Vinsælld vallda laungum.   Viner feingner med Velgiørdum/ stoda meir enn stor Rijke.

Ef okiendum gagnast gietur giør þad þa/ med Velgiørdum vine ad fa/ Vellde betra seigast ma.

---

[1] Omitted here is a syllable, apparently *me*, with which the printer erroneously begins the verso of the leaf.

DISTICA CATONIS

2. *Mitte arcana Dei, cælumque inqvirere qvid sit*
   Cum sis mortalis, qvæ sunt mortalia cura.

   Huad Gud liet oss huled ad veita/ epter ad grafast Girnstu eige/ Fyrst þu ert Madur munt og deyia/ vm menskan Hag helldur grunder.

   Leynda doma Guds ad grunda girnstu eige Holld a Von a Heliar deige / hugsa þui vm menska Veige.

3. *Linqve metum lehti : nam stultum est, tompore* [sic] *in omni :*
   Dum mortem metuis, amittis gaudia vitæ.

   Huør sier Angur allopt giörer/ dapur og kuijder Dauda sijnum/ Fögnude þann sem fylger Lijfe/ misser hann bæde og ma þo deyia.

   Hrædslu Daudans hrella laat ei Hreyste þijna Helstund þa Mann syrger sijna/ Sætleik Lijfsins giører ad tyna.

4. *Jratus de re incerta contendere noli.*
   Jmpedit ira animum ne possit cernere verum.

   Vm ovijst skallt eckert þratta/ þegar þu hefur Heipt j Brioste : Þui rangs Hugar reidur fyllest/ mun þui sijst a Sannleik hitta.

   Vm oraaded reis þu ei Kijf j Reide þinne/ heipt su blindar Hugskots sinne/ hægt mun ei ad Sannleik finne :

5. *Fac sumptum propere, cum res desiderat ipsa*
   Dandum etenim est aliqvid cum tempus postulat aut res.

   Kostnad þann sem krefur Naudsyn/ giarnan skalltu greitt til lata/ Og Vtlaata ecke synia þa þau heimter Þørf og Tijme.

   Vert þa ör er aattu hellst og Efnen hefur/ Næger þeim er nöckud giefur/ nær sem Þørf og Tijmen krefur.

6. *Qvod nimium est fugito, parvo gaudere memento.*
   Tuta mage est puppis modico qvæ flumine fertur.

   Hafnadu þui sem Hofe er meira/ enn þijnu litlu Laane fagna/ Skada minna er Skipe ad fliota a Sundpolle enn Sio vijdum.

   Allt ofmijked laat þier leitt enn lijted kiært Litlum Baate j Lygnu vært/ langt a Hafe er huørge fært.

7. *Qvod pudeat socios prudens celare memento*
Ne plures culpent id qvod tibi displicet vni.

Huad þier kiemur ad Kinnroda/ fyrer Laxmønnum laat þad huled. So þad margur sijdur laaste/ sem einum þier jlla lynder.

Fyrer Lagsmönnum Lytum sijnum leyna ber Lyduren so ei legge vt ver/ leitt huad þotte sialfum þier.

8. *Nolo putes pravos homines peccata lucrari,*
Temporibus peccata latent, et tempore patent.

Huxadu ei ad oraaduander mune a Syndum Sigur vinna/ Lester dueliast leinge meiga/ vpp koma þo Suik vm sijder.

Hygg þu ei ad Hreckvijse mun hefnd hia sneida/ ein Stund hylur Illsku leida/ önnur giörer j Lios ad breida.

9. *Corporis exigui vires contemnere noli :*
Consilio pollet, cui vim natura negavit :

Forsmadu eige fyrr enn reyner/ lina Orku lijtils Mans/ Raadhyggen ma reynast slijkur / þo Yferburda afls sie varnad :

Lastadu ecke Lijkams megn j litlum Mann[e] nytur er margur nærre Sanne/ Naatturan þo Afled banne :

10. *Qvem scieris non esse parem tibi tempore cede*
Victorem a victo superari sæpe videmus :

Ef þu ætter vid Ofmenne/ viliugur skyllder vijkia stundum/ Siest þad opt ad seirna vinnur/ hann sem fyrr for Fæte høllum.

Vid Ofmenne viktu vm Stund og vertu minne/ kann skie seirna Siguren vinne/ sa sem liet j fyrra sinne.

11. *Adversus notum noli contendere verbis.*
Lis minimis verbis interdum maxima crescit.

Vid Kunningia varastu jafnan Kijf ad þreyta nie Kappdeilu/ Leider opt af litlum Ordum Saryrde og Sundurlynde :

Vid Kompan þinn þrasadu ei med Þyckiu þrarre/ reisest opt af Rædu smarre/ Rimman stor med Deilu sarre.

12. *Qvid Deus intendat noli perqvirire* [sic] *sorte.*
Qvid statuit de te, sine te deliberat ipse.

Þreyttu ei Lister ad leitast epter/ Guds Fyrer øtlun vm

DISTICA CATONIS

Farsælld þijna/ aan þijn sialfur einn asetur/ allt huad hann vill vm þig verde.

Guds aforme ad grafast epter girnstu eigi/ þeinker hann allt vm þijna Veige/ þo þier eckert fyrer seige.

13. *Jnvidiam nimio cultu vitare memento.*
Qvæ si non lædit tamen hanc sufferre molestum est.

Frægd Hoffræktar frekt ei stunder/ so Menn Aufund a þig legge/ orke hun þig ei ad skada mun þo þikia þung ad lijda.

Aufundar ei afla þier med yferlæte/ hun þo ecke grandad giæte/ j Giedenu tru eg þier lijted bæte.

14. *Esto animo forti cum sis damnatus iniqve.*
Nemo diu gaudet, qvi judice vincit iniqvo.

Halltu þig vid Hugarhreyste/ þegar rangan Dom ratar fyrer/ Eingen leinge yfer þui fagnar/ þa Søken raung Siguren hlytur.

Røsklega lijdtu rangan Dom ef reyna hlytur/ Eingen leinge Lucku nytur/ er Lög a ödrum giatnan [sic] brytur:

15. *Litis præteritæ noli maledicta referre.*
Post inimicitias iram meminisse malorum est.

Forn Saaryrde sættrar Deilu/ vpp ad vekia jlla hlyder/ lidnar Heipter leinge ad muna kallast ogod Epterdæme.

Fornrar deilu Illyrde þu jmpra eige/ Mood ad saattur minnast meige/ Mannjllsku eg sanna seige.

16. *Ne te collaudes, nec te culpaveris ipse.*
Hoc faciunt stulti, quos gloria vexat inanis.

Lof skalltu þier leggia eige/ nie med Laste nidra sialfur/ Slijkt er Haattur Heimskra Manna/ sem fanytt Hool hliota vilia/

Huørke legg þu Lof a þig nie Löstu neina/ Soddan Haatten Heimsker meina/ hæfa sier til Snilldar Greina.

17. *Vtere quæsitis modice cum sumtus abundat*
Labitur exiguo quod partum est tempore longo.

Hoflega Eyd þu Afla þijnum/ þa þier nagter [sic] noogar

biodast. Það kann skiott a Grunn ad ganga/ sem leinge var saman dreiged.

Neyslu Hof þu haf vid allt/ þa Hægd er mest/ Loked er opt a litlum Frest/ leinge þui sem afladest.

18. *Jnsipiens esto cum tempus postulat aut res*
    Stultitiam simulare loco prudentia summa est.

    Lattu sem þu lijted kunner/ þa so stad og stundu hlyder/ Vite ad leyna vel þa giegner/ eru Hygginde hallden mestu.

    Setningslausan syn þu þig þa so fer betur/ Annan huør sem giørt sig getur/ giegndarfullan Þioden metur.

19. *Luxuriam fugito, simul et vitare memento*
    Crimen avaritiæ nam sunt contraria famæ.

    Hatadu alla Ohofs neyslu/ Fiegirnd ranga fordast lijka/ Huör sier bindur baadar þessar/ sa fær Ordstyr ecke godan.

    Ofneysla og Eignargirnden jduglig/ hia þier vil eg ei viste sig/ vanryktadan giøra þær þig.

20. *Noli tu quædam referenti credere semper.*
    Exigua est tribuanda fides, qui multa loqvuntur.

    Ecke skyllder avallt trua þeim þier Frietter færa giarnan. Þeim skal Trunad lijtin leggia sem maluger mijked rausa.

    Freitta [sic] giörnum giættu þijn ad giegna vart Lijtenn Trunad leggia þarft lystugum ad seigia margt.

21. *Quod Potu peccas ignoscere tu tibi noli*
    Nam nullum crimen vini est sed culpa bibentis.

    Ef Ofdrucken jllt þu giører/ til Vorkunar vird þier eige/ Þess öngua Skulld Auled hefur/ hans er Vijte er vits ei giæter.

    Dæm þier öngua Dygd j þui er druckenn braust/ Aul er skrifad Skulldalaust/ enn Skynsemdar þu ecke naust.

22. *Consilium arcanum tacito committe sodali*
    Corporis auxilium medico committe fideli.

    Þitt Leyndarrad lattu vita Lagsmann þann er leyna kunne/ Og til Heilsu Hollde veyku/ truan Lækner til þijn kalla,

DISTICA CATONIS

Leynd Raad þijn þu laat hia þeim sem leyna kann/ Limu ad græda og Lijkaman/ Lækner kios þier trulyndan.

23. *Successus indignos noli tu ferre moleste.*
Jndulget fortuna malis vt lædere possit.

Ber þu ei jlla þo Audna stor overdugum opt til falle/ Vel ad vondum Luckan lætur/ so ad hun Skalka skadad giæte.

Yfstu ei þott jllum hlotnest opsa geinge/ ad þeim Luckan lætur leinge : Loksins so þa skadad feinge.

24. *Prospice qui veniunt hos casus esse ferendos*
Nam levius lædit quicquid prævideris ante.

Adur siert vid öllu buenn og forþeinktur fyrr enn kemur Mein forhugsad midur særer þann þess bijdur/ og byst vid leinge.

Adur raad þu Efned huört sem epter fer/ midur gietur grandad þier/ giørla huad þu fyrer sier.

25. *Rebus in adversis animum submittere noli*
Spem retine, spes vna hominem nec morte relinquit.

Þa þier miög a mote geingur/ laat Hugarstyrk huørge skeika. Enn fasta Von festu j Brioste/ hun ein fylger fremst j Dauda.

Hraustlega ber þu bagrar Lucku byrde trauda/ Halltu Von vm Hægder nauda/ hennar lid er framm j Dauda :

26. *Rem tibi quam noscis aptam dimittere noli.*
Fronte capillata est, post hæc occasio calva.

Ef gagnsemdar giefst þier Fære/ laat ei Happ wr Höndum sleppa. Framan föst er loden Lucka/ enn a Bak til snögg bryst vr fange.

Huad sem bydst þier haglegt nøckud halltu þa/ I Bryn aa Lucku er best ad na/ a Bak til sleip hun sleppur hia.

27. *Quod seqvitur specta, quodque imminet ante videto.*
Jllum imitare Deum qui partem spectat utramque.

Framkomed skallt festa j minne/ og ad hyggia huad til stendur : Gude þannen giør þu ad fylgia/ hönum er bert vm baada Tijma.

Sa lided veit og vel forsier huad verda kann/ Guds fylgiara
greine eg þann/ giegner baadum Tijmum hann.

28. *Fortior vt valeas interdum parcior esto.*
Pauca voluptati debentur plura Saluti.

Heilsu vegna og hraustleika spara þier þad er spilla meige/
epter Lyst skal laata færra/ en Heilbrigde halfu fleira.

Heilsu vegna hlijfst vid margt þad Hugur a er/ litla Skulld
a lyst ad þier/ enn Lijfs Hægdenne meira ber.

29. *Judicium populi nunquam contemseris vnus*
Ne nulli placeas, dumvis contemnere multos.

Alþydu Rom alldrei skyllder lasta/ þann er lofa flester/ þa
kann skie þu þocknest øngum ef þu eirn þikest øllum meire.

Alþydu Rom alldrei aattu einn ad lasta/ hefur af ønguöm
Hylle fasta/ huør sem giörer ad mörgum kasta.

30. *Sit tibi præcipue qvod primum est, cura salutis*
Tempora ne culpes, cum sis tibi causa doloris.

Huad þier ma til Heilsu vera/ astundadu öllu framar/ kiendu
ei Tijmum Kuilla þijna/ þar þier sialfum Sottum velldur.

Heilsu efne astunda þu øllu helldur/ Sott þinne þu sialfur
velldur/ enn saklaus af þier Tijmen gielldur.

31. *Somnia ne cures nam mens humana qvod optat*
Cum vigilat sperans, per somnum cernit idjpsum:

Ecke duger Draume ad trua/ þui huad sem þratt Huguren
oskar/ og vakande vonar epter þad mun sijdar synt j Suefne.

Giættu ei Draums þui Girnder þær sem grijpa Mann/
vakande þa vonar hann/ j værum Suefne lijta kann.

LIBER TERTIVS

Hoc quicunque velis carmen cognoscere lector
Hæc præcepta feres quæ sunt gratissima vitæ.
Instrue præceptis animum, nec discere cesses.
Nam sine doctrina vita est quasi mortis Imago

DISTICA CATONIS

Commoda multa feres : sin autem spreveris illud
Non me scriptorem sed te neglexeris ipse.

Bokar vers ef virder þess/ ad vita bæde og niota/ Lærdoms smeckur Lijfe þeckur/ legst þier þa til boote [*sic*].

Af Frodleik mest sem fræder best/ fyll þu Briosted snauda/ Mans Lijf hraust enn Mentalaust/ Mynd er lijkust Dauda.

Glede og Gagn er mentamagn/ mundu þui ad geyma/ Skynbragd þitt enn skrif ei mitt skadar ef villtu gleyma.

Liod

Þu sem les og þar ad hyggur vessen Bokar og Vijsdom þeirra/ ef bindur þier Bodord þesse/ þad er þecknis Boot Þijnu Lijfe :

Fyll þinn Hug af Frædum godum/ laat þess Idkun ecke riena/ Lijf þad er hefur Lærdom önguan/ er Lijkneske lijkast Dauda.

Gagn margfalldlegt mentum fylger/ enn ef þu forsmaer Fræde þetta/ þa er ei skwfad þeim skrifad hefur/ helldur sialfs þijns Sæmd og Gagne :

1. *Cum recte vivas, ne cures verba malorum.*
Arbitrij nostri non est, quid quisque loqvatur.

Ef þijn Radvønd reynest Breytne/ kuijttu ei Ordum jllra Manna/ ærlegt Lijf er oss j vallde/ enn ecke huad adrer tala.

Ef lifer þu riett þa laat þier liett liggia Rædur seggia/ Raun er vijst vær rædum [*sic*] sijst huad Reckar til vor leggia.

2. *Productus testis salvo tamen ante pudore*
Quantumcumque potes celato crimen amici.

Værer þu til Vitnis kuaddur/ Vm vammer þær vin þinn hende/ dyl þo hans Lyte sem leingst meiger/ ad oskiertre æru þinne.

Værer þu stefndur vottur nefndur/ og Vin þinn stydia bære/ so framt leyn hans Lastagrein sem leingst þu sier þier fære.

3. *Sermones blandos blesosque cavere memento*
Simplicitas veri sana est, fraus ficta loquendi.

THE HÓLAR CATO

Miuk Kiæssmæle mælsku blöndud/ sijst lattu þig sigra kunna/ Einfølld Saga er sønnu lijkust/ enn margslungen moder suika:
Ofsætt Tal med ordaval otrutt margur reyner/ einfallt maal ei meinar Taal/ enn miukast Suikum leyner.

4. *Segnitiem fugito quæ vitæ ignavia fertur*
   Nam cum animus langvet consummit [sic] *inertia corpus.*

   Lete skallt þier laungum forda/ hun giörer Orækt öllu lijfe/ Hug þegar fangar Hirduleyse/ Omenska braatt eyder Hollde.
   Letennar Sidur leggest nidur/ Lijfs orækt en mesta/ Þa Huganum latar Hollded ratar Hirduleysed vesta.

5. *Interpone tuis interdum gaudia curis*
   Vt possis animo quemvis sufferre laborem:

   Haf þu stundum Huijld med lwa/ Roo og Glede Rauna a mille/ helldur fær þa Huguren lided/ Erfide þad sem opt til fellur.
   Stödugur statt og giör þier glatt/ Giedrauna a mille/ Hugur gietur bored betur/ Bøl þo Gledenne spille.

6. *Alterius dictum aut factum ne carpseris vmqvam.*
   Exemplo simili ne te derideat alter.

   Varastu annars Ord og Giörder/ miög ad straffa edur misvirda/ þig ef mætte þuilijkt henda/ þa mun Gabbed gollded aptur.
   A ønguann Hatt þu annars att/ Ord nie verk ad lyta/ sa mun þier þa so til ber/ sømu a mote byta

7. *Qvæ tibi sors dederit tabulis suprema notato*
   Augendo serva ne sis qvem fama loqvatur.

   Allt þad Fie þier fiell til Erfda/ skalltu riett j Reikning skrifa/ Og so hirda ad helldur vaxe/ enn þier Ofrægd öngua giøre:
   Riettann Arf sem rækia þarf a Reiknings skrifadu spiallde/ Far so med ad mijnke ei Fied/ nie misvirdingu vallde.

DISTICA CATONIS

8. *Cum tibi divitiæ superant in fine senectæ.*
   Munificus facito vivas, non parcus amicis.

   Þa þu sialfur seint j Elle/ miög audugur myklu safnar/ Vertu giafmilldur og gestrisenn/ enn aastmønnum ecke naumur.

   Ef þier hægd og Aura nægd j Elle gefst ad hliota/ Veitare gilldur vertu milldur/ enn Vinena laattu niota.

9. *Vtile consilium Dominus ne despice servi.*
   Nullius sensum si prodest temseris vnqvam.

   Hafna þu ei þo Herra værer/ Þarfa raade sem Þræll kienner/ einskis Skilning skallt ovirda/ þann sem Gagnsemd giøra kunne.

   Þarflegt Raad sie þeyge smad/ Þræll þo kienna meige/ huörs Mans þa sem hagnast ma/ hyggiu lyttu eige.

10. *Rebus et in censu si non est qvod fuit ante.*
    Fac vivas contentus eo qvod tempora præbent.

    Ef þier efna og Audlegdar/ stor Apturför yfer kemur/ halltu þig sem hæfer Mata/ og taktu vel Tijma huørium :

    Ef þinn Plogur aadur nogur/ orden giørest nu minne/ Lof er ad þier lynde Þad/ sem lient er huøriu sinne.

11. *Vxorem fuge ne ducas sub nomine dotis.*
    Nec retinere velis si cæperit esse molesta.

    Eigen konu kios þier ei/ einungis fyrer aura Fiølda/ Villtu ef hun jlla reynest/ Lijfe framar laus ad vera.

    Ekta Sprund fyrer mijken Mund/ met þu ei ad kaupa/ bued er þier ef beysklynd er/ burt fra henne ad hlaupa.

12. *Multorum disce exemplo qvæ facta seqvaris,*
    Qvæ fugias. Vita est nobis aliena magistra.

    Lydsins Dæme laat þig fræda/ gott ad velia/ enn vondu ad hafna/ Annara Lijf ad vmskygna/ verdur Mentan Mannuits godum.

    Huad þier ber eda oleyft er/ Orden Dæmen kienna/ Speigell fagur er Folksins Hagur/ Form ad læra þenna :

13. *Quod potes id tentes operis ne pondere pressus.*
    Succumbat labor, et frustra tentata relinqvas.

Vppbyria ei Idiu neina/ þa sem meire er Megne þijnu/ so ad þu aadur enn vnned getur/ verdur feigen fra ad ganga.

A Verknad þann sem vinnast kann/ vogadu Megned stranga/ ofþungt Tak þier beyger bak og bydur fra ad ganga.

14. *Qvod nosti haud recte factum nolito tacere.*
Ne videare malos imitare velle tacendo.

Huad sem veistu vera giørt jlla/ þad skalltu ecke med Þögn hylia/ ellegar virdest ad þu vondum med/ j Sid faller og samlijkest.

Vijta vert huad veistu giört/ og villtu yfer þeigia/ ad Lasta beim þu lærer af þeim/ Lyduren mun þa seigia.

15. *Judicis auxilium sub iniqva lege rogato.*
Jpsæ etiam leges cupiunt vt iure regantur.

Ef þig Olög ofmiøg þuinga/ bid þann mykla er Maal dæmer/ sialft Løgmaaled soddan girnest/ ad med Maata Menn þui fylge.

Domaran bid þier leggia Lid/ ef Løgenn of hart bioda/ stödugt settur strangur Riettur stilling heimter goda.

16. *Qvod merito pateris patienter ferre memento*
Cumque reus tibi sis, ipsum te Judice damna.

Þad þu lijdur þoldu blijdur/ þijn Vølld ef til kiæme/ Hefndar røk fyrer sanna Søk/ Samviskan þier Dæme:

Þolenmodur þu skallt lijda/ huört þad Mein sem maklegt være/ Ef þijna Sök sanna visser/ Sekt eirnen þier sialfur dæmer.

17. *Multa legas facito perlectis perlege multa.*
Nam miranda canunt sed non credenda Poetæ.

Allmargt skalltu yferlesa/ og meta huad meiger trua/ Ykiur skrifa Skallden laungum/ ecke sannar Søgur allar.

Les þu margt enn mundu vart/ mörgu huøriu ad trua/ fleira Skial enn Skyrleiks tal/ Skalld j Fræden snua.

18. *Inter convivas fac sis sermone modestus.*
Ne dicare loqvax dum vis vrbanus haberi.

Vertu settur j Samkundu/ Spakordur og spar a mælge/ þeim

er Mannuits vant er margt hialar/ hliodur er laungum hyggen Madur.

I Samsæte suinna Kiæte set þu a Rædu þijna/ eckert haf þar Ofsaskraf/ er ætter Kurt ad syna.

19. *Coniugis iratæ noli tu verba timere.*
Nam lacrymis struit insidias, dum fæmina plorat:

Tru þu ei Rooge reidrar Konu/ so hennar Ord Hug þinn beyge/ klokt byr vnder Kuenna graate/ ad Sinne Mans sigrad giete.

Þa Hwsfru grøm er harpasöm/ hrædstu Orden eige/ Konunnar Graatur klokt Vmsaatur/ kann skie brugga meige.

20. *Vtere qvesitis sed ne videaris abuti*
Qui sua consumunt, cum deest, aliena sequntur.

Neyt þijns Afla epter Þørfum/ þo med Hoofe og Hagspeke/ Hann er soade sijnu øllu/ verdur af annars Eign ad fædast.

Naudþurft haf þu Eignum af/ Ohoof laat ei skierda/ Aumt mun hitt þa eydt er þitt/ annars þurfe ad verda.

21. *Fac tibi proponas mortem non esse timendam*
Quæ bona si non est, finis tamen illa malorum est.

Set þier þad j Sinne laungum/ ad ei duger Dauda ad kuijda/ öllum þiker hann þeyge godur þo er hann Lyktan Lijfsins meina.

Hugadur siert þui huad mun vert/ hræddur ad vera vid Dauda. Heliar Smeckur þiker ei þeckur/ þo er hann Ender Nauda.

22. *Vxoris lingvam si frugi est ferre memento.*
Namque malum est nil velle pati, nec posse tacere.

Þoldu Hollrar Hwsfru þinnar freka Tungu fridsamlega/ Illt er þeim sem eckert lijda/ nie til þarfa þagad gieta:

Þinne Fru sem þo er nu/ þoldu Tungu braada þeim fer sijdur er þeye lijdur/ og Þögn ma ei vid rada.

23. *Dilige non ægra caros pietate parentes.*
Nec matrem offendas dum vis bonus esse parenti.

Elskadu giarnan af godum Hug/ framar ødrum Fedgin bæde/ Huörkis þeirra Hylle ræker/ so hins annars Astum tyner.

Legg þu Ast sem orkan skast/ a Forelldra þijna/ elskadu samt so Føduren framt/ ad fordest Modur ad tyna :

LIBER QVARTVS

Securam qvicumque cupis traducere vitam.
Nec vitijs hærere Animum qvæ moribus obsunt
Hæc præcepta tibi semper relegenda memento.
Invenies aliqvid in qvo te vtare magistro.

Þu sem girnest granduar ad lifa/ og sporna vid Spiöllum sida/ Skipaner þessar skodadu jafnan/ so þinn Meistare mætter verda.

Mœtan þennan Menta Þatt/ minnugur les og jdka þratt/ so þig sialfur Sida matt/ ad lagt mun þier til Lyta fatt.

Vandad Lijf ef villtu fa/ sem Vareygdenne stendur a/ og huörre Vømm ad hneigast fra/ er Hegdun godre spilla ma.

1. *Despice divitias si vis animo esse beatus.*
Qvas qvi suspiciunt, mendicant semper avari.

Hafdu aud j heidre aunguum/ ef hugar villt Hægdar niota/ Agiarner sem ad hønum lata/ sijþurfande synast jafnan.

Aud sie eingenn Lotning lied/ ef lyster Mann a rosamt Gied/ Agiarn huør sem aktar Fied/ alltjafnt þikest þurfa med :

2. *Comoda* [sic] *naturæ nullo tibi tempore deerunt*
Si contentus eo fueris quod postulat vsus.

Þig mun ei vm æfe bresta Natturunnar Nytsemd rietta/ Ef þu Lijfe lætur nægia þad eina sem Þørfen krefur.

Natturunnar Naudþurfter/ nøckurt sinn ei bregdast þier/ late Madur lijka sier/ huad Lijfsins þarfar Skamtur er.

3 *Cum sis jncautus nec te ratione gubernes.*
Noli fortunam, qvæ non est, dicere cæcam.

Ef ovarfær ertu sialfur/ so ad Galeyse giører þier Skada/

med Fiarmælum fegra þu eige/ þad Luckan blind Baganum vallde.

Þa þier gleymest Gaat og spekt/ enn Galeyse so fær þig blegt/ Lucku skalltu ei lasta frekt ad lijttskygn hafe þig ecke þeckt.

4. *Dilige denarium, sed parce dilige formam.*
Quam nemo sanctus nec honestus captat habere.

Huörn þinn Pening haf þu kiæran/ vid Fegurd hans fell þig eige/ eingen helgur nie Hugspakur/ lætur Augu sijn vna vid þetta.

Aura ad elska Madur ma/ enn Myndarfegurd girnst ei a/ helgur eingen aktast sa/ sem Augunum vaktar Skiemtan þa.

5. *Cum fueris locuples corpus curare memento*
Æger dives habet numos [sic], *sed non habet ipsum.*

Ef þu Auden eignast hefur Lijkamans Heilsu laat hann þiona/ rijkur sa sem Siukdom lijdur hann a Fie sitt enn Fiör ecke.

Aud ef Luckan liet þig fa/ Lijkaman skalltu rækia þa/ rijkur siukur Eigner a/ ecke sier þo bæta ma.

6. *Verbera cum tuleris discens aliqvando magistri*
Fer patris imperium cum verbis exit in iram.

Meistarans Høgg þu hlyden lijdur/ Hørund þa þier næsta suijdur/ Födurnum Orden ecke sijdur/ vmber þu þa hann er strijdur.

Ef Lamningar lijda verdur/ þeim fyrr aatte þier ad kienna/ þijns Fødurs Valld þoldu ei sijdur/ þa hann reyner þig/ reidur j Ordum.

7. *Res age qvæ prosunt, rursus vitare memento*
Jn qvibus error inest nec spes est certa laboris.

Vinn þu fyrer vissu Gagne/ enn Vonar starf valla stunder/ þionadu trautt j þeirre Villu er Verkalaun vann þier eingen.

Giör þad Verk sem godu velldur/ Gagnleysu þu fordast helldur/ til Viela vinnu vert ei felldur/ sem veist ei huad a mote gielldur.

8. *Qvod donare potes gratis concede roganti:*
   Nam recte fecisse bonis in parte lucrorum est.

   Það sem Meinlaust mætter veita/ giarnan gief þu ef godur bidur/ Huad maklegum midla giørder/ med Abata aptur kemur.

   Ef þu maatt þa gief það greidt/ sem godur Madur hefur þig beidt/ til Abata er það eitt/ ödrum huad sem so er veitt.

9. *Qvod tibi suspectum est confestim discute qvid sit.*
   Namque solent primo, qvæ sunt neglecta, nocere.

   Ef þier giörest grunsamt nöckud/ reyndu jafnsnart Raun j Maale/ það vont sem fyr Vakt gafst öngua/ ma þier sijdar Meinum vallda.

   Grunsemd Meins ef giæfest þier/ giættu ad skiott huör Raunen er/ Illt það fyrr ei vmskeytter/ Ogagn seirna leider af sier.

10. *Cum te detineat Veneris, damnosa voluptas*
    Jndulgere gulæ noli, qvæ ventris amica est.

    Ef þig fanga Afmurs girnder/ þa er Skadans ørvænt ecke/ Vn þier eige vid Ofneyslu/ er Maganum eykur Epterlæte.

    Þa þig Asten Vijfa vefur/ Velferd Mans er laungum kiefur/ Þörf Ofneyslu ecke krefur/ er vid margan [sic] Vinskap hefur.

11. *Cum tibi proponas animalia cuncta timere*
    Vnum hominem tibi præcipio plus esse timendum.

    Ef þier skytur Skielk j Bringu/ Oarga dyr øll ad lijta/ ma þier standa af Manne jllum Vggur meir enn øllum hinum.

    Ef Hrædslu giører j Hiarta þier/ huørt það Dyr þu Augum sier/ meir ad ottast Mannenn ber/ Megned hanns ef skadlegt er.

12. *Cum tibi prævalidæ fuerint in corpore vires*
    Fac sapias, sic tu poteris vir fortis haberi.

    Ef Lijkamans Megn lanad være/ skal Hugarmegn hinu fylgia/ Hygginde ef Hollde styra/ þiker Afbragd þinnar Hreyste.

    Sie þier lanad Lijkamans Megn/ langt so gange af Afle fregn/ þar skal vera med Viskan giegn/ virdest þu þa hraustur Þegn.

DISTICA CATONIS

13. *Auxilium a notis petito si forte laboras.*
Nec qvisqvam melior medicus qvam fidus amicus.

Lids skallt leita hia Langvinum/ þegar Krankdoms mein kemur ad Höndum/ Barskiera ønguann betra finnur/ enn þeckann Vin þier trulyndann.

Til Langvina leiter þa/ er Læknings dom/ þu þarft ad fa/ Barskiere fæst ei betre enn sa sem bundnar hefur þu Trygder hia.

14. *Cum sis ipse nocens moritur cur victima pro te*
Stultitia est morte alterius sperare salutem.

Þitt Lagabrot ad leyst yrde/ Deydd gripa Forn gillder eige/ darlegt er fyrer dauda annars/ ad hyggia sig holpen verda.

Þijna Sök sem sialfur ber/ Sæfd forn eingen afmaer/ ad annars Bana bernsklegt er/ Bootar Synda ad vænta sier.

15. *Cum tibi vel socium vel fidum quæris amicum*
Non tibi fortuna est Hominis, sed vita petenda.

Ef þier Vinar villtu leita/ eda Fulltrua fa þier nöckurn/ Epter Audlegd önguann velier helldur Millde og Mannkostum.

Þa þig lyster Lynded Mans/ locka þier til Trygdabands/ Lifnad meir enn Lucku hans Lijt og met til Kiærleikans.

16. *Vtere qvæsitis opibus, fuge nomen avari.*
Qvid tibi divitiæ prosunt si pauper abundas.

Neyt þu Auds sem aflast hefur/ ad ei siertu sinkur hallden/ Huad stodar þig stor Rijkdomur ef þu aumur samt vner ad lifa.

Neyt þu Auds ef aflast kann/ ad eingen seige þig Briostlausan/ huad fær stodad Hægden hann er helldur sig sem Þurfa Mann.

17. *Si famam servare cupis dum vivis honestam*
Fac fugias animo qvæ sunt mala gaudia vitæ.

Almanna Lof ef þu girnest/ ad laate þier Lijfs Tijd alla/ Hatadu jafnan j Huga þijnum Lijfs Sælld þa þig lyta meige.

Ef þu hygst vm æfe ad fa afbragds Ord og Virding haa/ Hug þinn lattu huerfa fra/ huörre List er granda ma.

31

18. *Cum sapias Animo noli irridere Senectam*
    Nam quicunque Senex sensus puerilis in illo est.

    Þu sem vijs ert og velfallenn/ Ellena skallt þu ecke hæda/ Þui þar kemur ad Kalle huörium Barns Sinne bregdur aptur.

    Ellena þu ei hæder og hlær/ Hugspekenn ef er þier kiær/ huör sem efra alldre nær/ aptur Barna Sinned fær.

19. *Disce aliquid, nam cum subito fortuna recedit*
    Ars remanet vitamque hominis non deserit vnquam.

    Iþrottum þu einkum safna/ ma Luckan skiott Manne sleppa/ Menten stodar medann Lijf endest/ þott Afle og Aurum tyner.

    Kunnattu þu kiepst ad na/ Kostur Lucku bregdast ma/ ovöllt Menten er þier hia/ og alldrei geingur Lijfe fra.

20. *Perspicito cuncta tacitus quid quisque loquatur*
    Sermo hominum mores et celat, et indicat idem.

    Þeigande skalltu þeinkia giørla/ huilijk ad sie huørs Mans Ræda/ þuiad Hug og Hattu Manna/ Orden hylia og auglysa.

    Huørs Mans Ordenn öll til Sans athuga þu þo giefer ei Ans/ Skaplynde og skickun Mans skilst og dylst af rædum hans.

21. *Exerce studium qvamvis perceperis artem*
    Vt cura ingenium, sic et manus adiuvat vsum.

    Ef goda List giörla lærder/ lat þa Idkun ecke duijna/ Jöfn Astundun eykur Næme/ og viliug Hönd Verked bæter:

    Menten af þier Idkun krefur/ vppfra þui þu numed hefur/ Eykst þeim Nam er ecke sefur/ eins og Vanenn Lister giefur.

22. *Multum ne cures venturi tempora fati*
    Non timet is mortem qui scit contemnere vitam.

    Set þier ecke Sorg j Hiarta vm Skamt Hiervistar og Skapadægur/ eingenn mun sa ottast Dauda sem þetta Lijf lijted aktar.

    Hrygstu ei vid Heliar Spaa/ og huenær muner þu falla fra/ Afgang sinn ei ottast sa/ sem Ogied Lijfsens kann ad sia.

23. *Disce, sed a doctis, indoctos ipse doceto*
    Propaganda etenim rerum doctrina bonarum.

Vellærda Menn laat þier kienna/ enn favijsa fræd þu sialfur/ Meiga ei nidre Menter liggia helldur ad hygnest huør af ödrum.

Lat þig fræda Lærdamenn/ litt vitrum þu sialfur kienn/ Menten goda a so enn/ vtbreidast fyrer marga Menn :

24. *Hoc bibe quod possis si tu vis vivere sanus :*
Morbi causa mali est homini qvandoque voluptas.

Drektu ei meir enn møgulegt være/ so þu Heilsu hallded giæter/ stutt þui Lystenn stundum aflar Lijkama sijnum langrar Sottar.

Drektu ei meir enn megnad gietur/ mun þad Heilsu giegna betur/ Bijlijfe sem Brekenn huetur/ Bwkenn stundum siukann setur.

25. *Laudaris quodcunque palam qvodcunque probaris*
Hoc vide ne rursus levitatis crimine damnes.

Þad þu laungum Lofs vert dæmer/ og fyrer ödrum aadur prijsar/ eptera skallt þad ecke lasta/ nema volyndur vilier kallast.

Þad þu lofader fyrre fast/ frekt og liest þier gedfelldast/ ef þui seirna leggur last/ Laussinne þier til reiknast.

26. *Tranqvillis rebus qvæ sunt adversa caveto.*
Rursus in adversis melius sperare memento.

Þegar ad Manne miög vel lætur/ skal jllt varast og vidbwast/ og þa mest a mote geingur veria sig med von hins betra.

Þa Luckan veiter Vinskaps hoot/ varastu hennar Brögden skiot/ enn þegar geingur mest a mot/ mundu ad þier sie von a Boot.

27. *Discere ne cesses, cura sapientia crescit.*
Rara datur longo prudentia temporis vsu.

Gief þu ei vpp gott ad nema/ med Astundun eykst þier Viska/ og sialldfeingen Setningsspeke/ lærest best af laungum Vana.

Iden ad læra ætijd ver/ eykst þeim Vit sem fylger sier/ Framsyne su fagiæt er/ fyrer Avanan bætest þier :

28. *Parce laudato nam qvem tu sæpe probaris.*
Vna dies, qvalis fuerit, monstrabit amicus.

Vart skyllder þu Vin þinn lofa/ opt þo hafer hann aadur reyndan/ Eirn Dagur þad augliost giører/ ad hann sie annar enn þig varde.

Vinum linur j Lofenu siert/ lijtt ef komenn ad Raun þu ert/ Eirn Dagur giörer openbert Yferlæted ad huørs sie vert.

29. *Ne pudeat, qvæ nescieris, te velle doceri.*
Scire aliqvid laus est, Pudor est nil discere velle.

Vijst skal þier ei Vömm j þikia/ ad vilia þad læra er veist ei aadur/ Heidur er Manne margt ad vita/ þeim Vansemd er vill ei nema.

Skilnings litlum skammlaust er/ ad Skynsemd laater kienna þier/ Margt ad vita Virding ber Vanvirdu ef hafnad er.

30. *Cum Venere et Baccho lis est, et juncta voluptas:*
Qvod lautum est animo complectere, sed fuge lites.

Aule fylger og Astum Kuenna/ Lausmælge og Lastagirnder/ Hitt sem þier gott þar med være/ grijptu þad enn gack fra jllu.

Aule og Astum fylger fyrst/ forsugt Kijf og lostug Lyst/ Þijn til goods sie Girndenn þyst/ Gialijfe og Deilum byst:

31. *Demissos animo ac tacitos vitare memento.*
Qva flumen placidum est, forsan latet altius vnda.

Varastu þann er Vana bregdur/ laungum hliodur og Langþögull/ Opt er Lögur þo lygn synest/ kynia diupur og kann ad suijkia.

Hliodur og þögull hellst er sa/ huörium þu aatt vid ad sia/ Eins sem Lagar lygnan sma leyner Diupe og suijkia ma.

32. *Cum tibi displiceat rerum fortuna tuarum.*
Alterius specta quo sis discrimine peior.

Þa þier modgast og mislijkar efna Laaned lucku þinnar/ Hygg þu ad annars Audnulage/ þa er Munurenn minne enn hugder.

DISTICA CATONIS

Ef þier Lucku Laaned þitt/ lijkar midur enn annars hitt/
Þegar hinn þier syner sitt/ sannar þu þad rangann Kuitt :

33. *Qvod potes id tenta, nam littus carpere remis*
Tutius est multo, qvam velum tendere in altum.

Þad eina tak þier til ad radast/ sem megnad fær enn meir ecke/ Liettara er med Lande ad roa/ enn med Segle sueima a Diupe.

Hættu ei meir enn Megnad fær/ mun sa þikast Kiørunum nær/ sem Landvör hægt j Hafner rær/ helldur enn sa til Diupa slær :

34. *Contra hominem Justum prave contendere noli.*
Semper enim Deus iniustas vlciscitur iras.

Þrattadu ei af þrarre Illsku/ Manne a mote miøg riettuijsum/ þuiad j giördum Gud riettlatur/ jafnan Reide ranga hegner :

Biod þu ei fromum fyrten hoot/ forsugt kijf nie Orden liot/ soddan rangre reidennar root/ Refsing Drottens kiemur a mot.

35. *Ereptis opibus noli lugere dolendo.*
Sed gaude potius, tibi si contingat habere.

Sia þu þig vid Sorg og Graate þo þu misser mijked af Aude/ Enn ef þier er vnt ad niota/ vertu gladur j godan mata.

Hafer þu giörvallt Gotsed mist/ giör þier eige Sinned tuist/ Hamingiann ef þier hlotnadist hagadu þui med Glede og List.

36. *Est Jactura gravis, qvæ sunt, amittere damnis*
Sunt qvædam qvæ ferre decet patiener [sic] *amicum.*

Mørgum þiker þungt ad lijda Aura Tion/ ef annar velldur/ Mun Þa margt j Misgiörningum trulyndum Vin vel lijdanda.

Misferle er Manne hart/ misser Fiarens nöckurn part/ Reyndann Vin þinn reit þui vart/ Rad mun betra ad lijda margt :

37. *Tempora longa tibi noli promittere vitæ.*
Quocunque ingrederis sequitur mors corpus vt vmbra.

Þessa Lijfsens laungum Stundum/ þarftu ecke þier ad lofa/
Hel fylger so j huörium stad sem med Lijkama lijdur Skugge.

Langre Vist j Lijfe hier/ lofadu ecke sialfum þier/ Hel so fylger huørt þu fer/ sem Hollded med sier Skuggan ber.

38. *Thure deum placa, vitulum sine crescat aratro*
    Ne credas placare Deum, dum cæde litatur :

    Gief þig sialfann Gude til Hyru/ Grip þinn laattu lifa til Þarfa/ Hann blijdkast ei vid Blod Smala/ þo m[i]ked Fie forner hønum.

    Blijdan vid þig giördu Gud/ med Giöfum þeim hann sialfur baud/ Hann hyrest ei af Heimsens Aud/ hønum þo deyder Naut og Saud.

39. *Cede locum læsus fortunæ, cede potenti*
    Cedere qui potuit prodesse aliqvando valebit.

    Ef mektugur þier misbydur/ lijda skallt og lata vndan/ Huør hann med Hægdum stiller/ Sigur vinnur sier og ødrum.

    Hlyden lijd þu Høfdingiann/ er Heiptugur þier Skada vann/ Ef so mætter mykia hann/ meira gagn þad verda kann.

40. *Cum quid peccaris, castiga te ipse subinde :*
    Vulnera dum sanas, dolor est medicina doloris.

    Þar þu sier þig syndgad hafa/ set þier Hirting harda sialfur. So skal Benium Bootar leita/ ad Saarleyke eirn annann græde.

    Þinn Misgiörning þrey þu faar/ og þuingadu þig med Hrygd og Taar.   Af beysku verdur Benen klaar/ betur mun þui grooa Saar.

41. *Damnaris nunquam post longum tempus amicum.*
    Mutavit mores, sed pignora prima memento.

    Ef gamall Vin Giedenu bregdur/ epter langann lidenn Tijma. Legg hönum ecke Last ad helldur/ minnstu framar a fornar Trygder.

    Ef godur Vinur af Giedenu braa/ þa giører ad lijda langt j fra : Skalltu hann ecke frekt forsma/ fornar Trygder minstu a.

42. *Gratior officijs quo, sis mage carior esto*
    Ne nomen subeas quod dicitur officiperda.

Velgiörd skalltu virda og launa/ þar af muntu þeckur verda/
Nytur ecke Nafnboot jlla/ sijnkur ad heita og sannræningur.
Velgiørd alla vel virtu/ Vinattan so þier reynest tru/ Nafnboot
jlla somer su/ ef Sannræningur heiter þu.

43. *Suspectus caveas ne sis miser omnibus horis :*
Nam timidis et suspectis, aptissima mors est.

Þia þig ei med þungre Kuijdu/ so aumur siert alla Tijma.
Þui jllkuittnum ottafullum hellst er Dauden hentugastur.
Vol og Kuijda varna þier/ þar vesøl Eymden epter fer. Þeim
sem Hrygd og Hrædslu ber/ hentugastur Dauden er.

44. *Dum fueris seruos proprios mercatus in vsus*
Et famulos dicas, homines tamen esse memento.

Hafer þu Þræla þier til keypta/ er Þarfa Störf þiona skylldu.
Halltu þeim til huørrar vinnu/ minstu þo ad Menn þeir eru.
Þræla Kyned keypt j Bw/ þo kostad hafe þig Eignen su.
Eria lat sem önnur Hiw/ Eru þeir Menn sem sialfur þu.

45. *Quam primum rapienda tibi est, occasio prima*
Ne rursus quæras quæ jam neglexeris ipse.

Nær sem bydst þier nøckur Hepne/ grijp þad fyrst ad giefst
a Være/ Lijtt stodar ad leiter sijdar/ þess er aadur orækt hefur.
Hepne bodna huxa þier ad höndla strax þa Kostur er/
Giefens seirna finna fer/ fyrr huad þu ei ad giætter.

46. *Morte repentina noli gaudere malorum.*
Felices obeunt qvorum sine crimine vita est.

Vondra Manna braadum bana/ ecke skalltu yferfagna/ Hiner
sæler sofna helldur/ sem fra Løstum Lijfed geyma.
Þa jller hrapa j Andlat sitt/ ecke glediest Hiarta þitt/ Hepner
eru j Heliu mitt/ huörra Lijf er Lastakuitt.

47. *Cum coniunx tibi sit nec res, et fama laboret*
Vitandum ducas inimicum nomen amici.

Ef þu Fielaus ætter Kuinnu/ hun sem er þo jlla ryktud/
Þa er vant vm Vinskap hennar/ ef Mannord þitt mætte skada.

Eiger þu Konu enn eckert Fie/ jlla su er ryktud sie/ Vande er a ef Vinfeste/ villder henne laata j tie.

48. *Cum tibi contingat studio cognoscere multa*
Fac discas multa, vites nescire doceri.

Sie þier vnt af Idkun godre/ margt ad vita og Mentum safna/ Fyse þig sem flest ad læra/ enn vidsporna Vilia leyse.

Sie þier Kiör og kostur a/ Kynia margre Ment ad naa/ Kiepstu margt ad kunna þa/ kiennande ei sneid þu hia.

49. *Miraris verbis nudis me scribere versus:*
Hos brevitas sensus fecit coniungere binos.

Vndrastu ad eg hefe kenda/ Bokarmærd med berum Ordum/ Minnenu lietter maaled stutta/ so skal lioda lyktad Fræde:

Vndrast munder ad Orden ber/ jnne finnur j Vijsum hier/ Stutt þui flutte eg framm fyrer þier/ Frægum hægra ad minnast er.

DICTA SEPTEM SAPIENTVM GRECIAE SELECTIORA,

Latine et Vernacule
A: J:

Semia villde eg siö Spekinga/ Maals kuidu nöckra miög frodlega/ þeir j Grycklande giördu fordum/ vngum og gömlum auka Menter.

PERIANDRI DICTA

1

i. *Omnibus placeto.* ii. *Bona res quies.* iii. *Periculosa temeritas:*
1. Hafdu Byr godan hia Hölda meinge. 2. Gott er Spakmenne huar Gunna [*sic*] sæter. 3. Hætt er driugum daarleg Frammsyne/ (þa Menn rasa fyrer Raad framm).

2

iiii. *Semper voluptates sunt mortales Honores autem immortales.*
v. *Amicis adversa fortuna vtentibus, idem esto.*
4. Vellystingar verda skammlijfar/ Heidur og Virding hellst eru vppe. 5. Vinum þijnum vertu enn same/ Rauner þo meige rata stundum.

3

vi. *Lucrum turpe, res pessima.* vii. *Quicquid promiseris facito.*
viii. *Infortunium tuum celato, ne voluptate afficias inimicos.*
6. Liotur Grode er grandnæmastur. 7. Halldenordur avallt verer.
8. Suæf þinn Trega sialfs j Barme/ Ovine þijna ei so gledier.

4

ix. *Veritate adhæreto:* x. *Age quæ justa sunt.* xi. *Violentiam oderis.* xii. *Principibus cede.*
9. Sannleikuren sie þier kiær. 10. Og Raadvenden med Riettvijse : 11. Varast Ofrijke. 12. Enn Höfdingium ofstorum þier vndan laater.

5

xv [*sic*]. *Voluptati tempera.* xvi. *A jureiurando abstine.* xvii. *Pietatem sectare.* xviii. *Laudato honesta.* xix. *A vitiis abstine.* xx. *Beneficium repende.* xxi. *Supplicibus misericors esto.*
15. Tem þijna Lysting. 16. Telst ecke Eidskar. 17. Gudræken siertu. 18. Og giefen fyrer Æru. 19. Vertu Lastvar/ 20. Enn launa Velgiörder. 21. Miukur þeim/ þier minka giörer sig.

6

xxii. *Liberos institue.* xxiii. *Sapientum vtere consuetudine.* xxiiii. *Litem oderis.* xxv. *Bonos in pretio habeto.*
22. Barna þinna Briost vel fræder/ 23. Hyggenna girnstu ad hallda Maalbragde. 24. Giörstu ecke giarn a Deilur. 25. Epter Manngiæsku Gunna [*sic*] huörn virder.

7

xxvi. *Audi quæ ad te pertinent.* xxvii. *Probrum fugito.* xxviii. *Responde in tempore.* xxix. *Ea facito, quorum non possit pœnitere.*
26. Huad þig vm vardar/ vilier hellst heyra : 27. Brygslum skalltu beitast vid önguan/ 28. Andsuar greider glögt j Hæfe. 29. Hafst þad ei ad sem Ædru krefie.

8

xxx. *Ne cui invideas.* xxxi. *Oculis moderare.* xxxii. *Quod justum est imitare.* xxxiii. *Bene meritos honora.*
30. Aufundsiukur alldrei giörest. 31. Augum þijnum æ riett styrer. 32. Epter haf þu eitt huad riett er. 33. Vird þa eina er vinna til þess.

9

xxxiiii. *Spes fove :* xxxv. *Calumniam oderis.* xxxvi. *Affabilis esto.* xxxvii. *Qvum erraris, muta consilium :*

34. Vona ma opt/ þo Von þike þroten. 35. Fordast sem Eitur alla Roogmælge. 36. Mannliufur siert i midiu Hoofe. 37. Tak þig aptur vm Avirding.

10

xxxviii. *Diutinam Amicitiam custodi.* xxxix. *Omnibus te ipsum præbe.* xl. *Concordiam sectare.* xli. *Magistratus metue.* xlii. *Ne loquaris ad gratiam.*

38. Vinfastur skallt Virdum reynast. 39. Og Brögnum laungum bwen til greida. 40. Fridgiarn lifer/ 41. Lwter Valldstiorn. 42. Haf ei Kiassmal nie Hlæmæle.

11

xliii. *Ne tempori credideris :* xliiii. *Te ipsum ne negligas.* xlv. *Seniorem reverere :* xlvi. *Mortem oppete pro patria.*

43. Trudu ei ofmiög a Tijder neinar. 44. Æ sie þier hugad vm sialfan þig. 45. Vird alldradan. 46. Voga þier sialfum fyrer Födurland/ vijst þa Þörf er.

12

xlvii. *Ne quavis de re doleas.* xlviii. *Ex ingenuis liberos crea.* xlix. *Sperato tanquam mortalis.* l. *Parcito tanquam immortalis.*

47. Hiegome renne til Rifia eingen. 48. Vanda þier bestar Barna mædur/ 49. Mannlega hafer til huörs Hlutar von. 50. Enn sparer þo Atfaung sem ei muner deyia.

13

li. *Ne efferaris gloria.* lii. *Arcanum cela.* liii. *Cede magnis.* liiii. *Oportunitatem expectato.* lv. *Mortalia cogita.*

51. Lofstyr eingen auke þier Metnad. 52. Leyndann Dom huörn dylier alla. 53. Styr fra Storbockum. 54. Stalldra epter Lage. 55. Hugsa ad vallt er Hiol Veralldar.

14

lvi. *Largire cum vtilitate.* lvii. *Ne prior iniuriam facias.* lviii. *Dolorem fuge.* lix. *Mortuum ne rideto :* lx. *Consule inculpate.* lxi. *Amicis vtere, eosque delecta.*

56. Giafmilldur siert til Gagns og soma. 57. Yfer aunguann. 58. Eyder Harme. 59. Frammstigen huörn fordast hæda. 60. Vert Raadhollur. 61. Vina riett neyter :

15 *Ausonius*

lxii. *Nunquam discrepat vtile a decoro.* lxiii. *Plus est sollicitus, magis beatus.* lxiiii. *Mortem optare malum, timere peius.*

62. Alldrei er gagnlegt það ei vel somer. 63 Rijkastur er huör Hugsiukastur. 64. Illt er ef Dauda oska þarft/ enn hoote verra ad hrædast hann.

16

lxv. *Faxis vt libeat, quod est necesse.* lxvi. *Multis terribilis, caveto multos.*

65. Viliugur vmber huad vera hlytur/ (það köllum Hugarhreyste mesta). 66. Ogn ef stendur af þier mörgum/ eflaust mattu hrædast margan.

17

lxviii [*sic*]. *Si fortuna juvat, caveto tolli.* lxviii. *Si fortuna tonat, caveto mergi.*

67. I Farsælldum fordast Metnad/ 68. Og j Mannraunum ad riene Dugur.

So kuad hinn prwde Periander/ Lat þier Hughallt ad hafa þess nöckud.

DICTA BIANTIS

1

i. *In speculo te ipsum contemplare, Si formosus apparebis, age quæ decent formam. Sin deformis, quod in facie minus est, id morum pensato pulcritudine.*

DICTA SEPTEM SAPIENTUM

1. Opt j Skuggsio skoda þig sialfan/ Fridleik hæfa fromar Dygder/ siertu eige frijdur nie fallegur næsta/ Lattu Dagfar þitt vm þad bæta.

2

ii. *De Deo ne mala loquare.* iii. *Audito multa. Loquere pauca.* iiii. *Prius intellige. Deinde ad opus accede.*

2. Alla Gudlöstun attu varast. 3. Allmargt heyrer enn fatt ræder. 4. Laat þier skiliast þa skipad er nöckud/ Og far þad sijdan ad frammkuæma.

3

v. *Ne ob divitias laudaris virum indignum :*

5. Settu ei Hool þitt a Hölda neina/ þott Nægd aura alla hafe/ Enn sie ad önguu Ordtyrs verder/ vtan þad Mammon mætan liede :

4 Ex Ausonius [sic]

vi. *Quænam summa boni? Mens quæ sibi conscia recti.* vii. *Pernicies homini quæ maxima? Solus homo alter.*

6. Huad skulum hallda hellstu Giæde? Roosamt Hiarta med Hugpryde. 7. Huör er skiædstur Hölldum Vode? (Hial er olijklegt) Hölda huör ödrum.

5

viii. *Quis dives? Qui nil cupiat. Quis pauper? Avarus.*

8. Huör er rijkastur Manna a mille? Sa er Agirndalaus gietur lifad/ Huör er fatækur Firdum medur/ Agirndarbwkur þo eige hann noglegt.

6

ix. *Quæ dos matronis pulcerrima? Vita pudica.* x. *Quæ casta est? De qua mentiri fama veretur.*

9. Huör er Sprunda Heimanfylgia best? Skijrlijfed eitt skartar af öllu. 10. Huör er Skijrlijf Skarlats Troda? Su er ei vinnur ti Vammæla.

THE HÓLAR CATO

7

xi. *Quod prudentis opus? Qvum possit nolle nocere.* xii. *Quid stulti proprium? Non posse, et velle nocere.*
11. Huar af a hyggen hellst ad merkia? Mein þa hefte/ enn matte þo vinna. 12. Huad ma heimskan hellst audkienna? Vilia granda enn gieta þo ecke.

DICTA PITTACI

1

i. *Quæ facturus es, ea ne prædixeris. Frustratus enim rideberis.*
1. Laat ei Raadagiörd rijda frekt vndan þo eitt edur annad asett hafer/ vera maa brose Bragnar ad þui/ ef þad verdur Vtedeyfa.

2

ii. *Depositum redde.* iii. *A familiaribus in minutis rebus læsus, feras.* iiii. *Amico ne maledixeris.*
2. Hafer þu nöckud til Hirdslu teked/ skilgodur siert Skatna vidur.
3. Vert ei smakuæmur/ þo Vinur modge lijtt. 4. Hönum og eirnen ei formæler.

3

v. *Inimicum ne putes amicum.* vi. *Vxori dominare.* vii. *Quæ feceris parentibus, eadem a liberis expectato.*
5. Fiandmadur þo Fædu linne/ laust matt trua ad tryggur verde.
6. Hafdu Raad riett Hwsfru yfer. 7. Barna ma vænta sem breytter þu vid Fedgin.

4

viii. *Desidiosus ne esto.* ix. *Inter amicos ne fueris judex.* x. *Ne contenderis cum parentibus, etiamsi justa dixeris.*
8. Fordast attu Andstygdar Lete/ 9. Vina a mille veiter ei Vrskurd.
10. Þrættu ei vid þijna Forelldra/ riett þo hafer raunar ad mæla.

5

xi. *Ne geras imperium, priusquam parere didiceris.* xii. *Infortunatum ne irriseris :* xiii. *Ne Lingva præcurrat mentem.*

11. Tak ei ad þier Yfer mensku/ nema fyrr Hlydne hafer lærda.
12. Ogiæfusamann alldrei kallser. 13. Tala og eckert oforhuxad.

6

xiiii. *Quæ fieri non possunt, cave concupiscas.* xv. *Ne festina loqui.* xvi. *Legibus pare.* xvii. *Nosce te ipsum.* xviii. *Ne quid nimis.*

14. Girnstu alldrei huad ei ma veitast/ 15. Ei siert j Maale miög frammhleypen. 16. vert Lögum hlyden. 17. Lærdu ad þeckia þig. 18. Fly þu Ohoof j öllum Greinum.

7

xix. *Ante omnia venerare Numen.* xx. *Parentes reverere.* xxi. *Audito libenter.* xxii. *Voluptatem coerce.* xxiii. *Inimicitias solve.*

19. Gud einn skulum göfga af öllum. 20. Og Forelldra virda framar ödrum. 21. Hlyd a Maal annars : 22. Helldur stiller. 23. Fædu og Fiandskap fwslega eyder.

8

xxiii [sic]. *Vxorem ducito ex æqvalibus, ne si ex ditioribus duxeris, Dominos tibi pares non affines.*

24. Kuongast Jafnræde/ og kios Mægder/ Sierlijker best saman bwa. Ef rijkare [raa]dast Teingder/ Herra þier vænter helld[ur] enn Maaga.

9 Ausonius

xxv. *Loqui ignorabit, qui tacere nesciet.* xxvi. *Bono probari malo, quam multis malis.*

25. Visse eg alldrei vel munde talast þeim ei kunne þeiga sem bære. 26. Helldur vil eg einum hoskum gediast/ enn þo mig lofe Lyder þusund.

10

xxvii. *Demens superbis, invidet felicibus.* xxviii. *Demens dolorem ridet infelicium.*

45

THE HÓLAR CATO

27. Galen er sa giörer öfunda/ Vidgang og Metnad vondra Manna.
28. önguö er sa ogaldare/ Aumra Armædu ad Hlaatre hefur.

11

xxix. *Pareto legi, quisquis legem sanxeris.* xxx. *Plures amicos re secunda compares.* xxxi. *Paucos amicos rebus adversis probes.*
29. Gack þu ecke greitt a þau Lög/ sem þu rieder setia sialfur :
30. Medgangur aflar margra Vina. 31. Viner færre hins volada giörast.

CLEOBVLI DICTA

1

i. *Ne sis vnquam elatus.* ii. *Dom[us] curam age.* iii. *Libros evolve.* iiii. *Liberos erudi.* v. *Iuste judicato.* vi. *Bonis benefacito.*
1. Sia þig ætijd vid Siergiæde. 2. Hws forsorga og Heimkynne.
3. Boknaam ræker. 4. Börnum kienner. 5. Halla ei Dome.
6. Hialpa godum.

2

vii. *A maledicentia temperato.* viii. *Suspicionem abijcito.* ix. *Parentes patientia vince.* x. *Beneficij accepti memor esto.* x [sic]. *Inferiorem ne reijcias.*
7. Lastmælge varast. 8. Og liota Grunseme. 9. Þolenmodur vid þijna Forelldra/ 10. Minnugur ætijd annars Velgiörda. 11. Lyter ei adra þo lægre þike.

3

xii. *Aliena ne concupiscas :* xiii. *Ne te ipsum præcipites in discrimen.* xiiii. *Res amici diligas, et perinde serves vt tuas.* xv. *Quod oderis, alteri ne feceris.*
12. Girnstu ei annars Eigur eda Gripe. 13. Fordast Vodan j fremsta Lage. 14. Hollur vertu Vina Eigum. 15. Syn þad ei ödrum er sialfur amast vid.

4

xvi. *Ne cui miniteris, est enim muliebre.* xvii. *Citius ad infortunatos amicos, quam fortunatos proficiscere.*

16. Haf ei framme Heitingar neinar. Það er Kuennaskap kallad laungum. 17. Vina þinna vitier fyrre/ þeim Hioled hallar/ enn hinna voldugu.

5

xviii. *Lapis auri index :* [1] xix. *Mendax calumnia vitam corrumpit.* xx. *Mendaces odit quisquis prudens ac sapiens.*

18. Gull vier plögum Profsteine ad kanna Enn Fie reyner Recka huge. 19. Lygen er sier Lijftion sialfum. 20. Og huimleidur Hyggiu prudum.

6 Ausonius

xxi. *Quanto plus liceat, tam libeat minus.* xxii. *Fortunæ invidia immeritus est miser.*

21. Margt þo leyfest þig lyste þess færra. 22. Saklausum þa suijda giörer: Flester Lucku fyrer ad skullda/ mætte þo helldur vera Völld Manna.

7

xxiii. *Felix criminibus nullus est diu.* xxiiii. *Ignoscas alijs multa, nihil tibi.* xxv. *Parcit quisque bonis, perdere vult malos.*

23. Glæpa Farsælld giörest olanguinn. 24. Fyrergief ödrum Auirdingar, enn ei þier sialfum. [2] 25. Godum hlijfer sa Glæpe refsar.

8

xxvi. *Maiorum meritis gloria non datur.* xxvii. *Turpis sæpe datur fama minoribus.*

---

[1] In Erasmus' edition of 1515 the full *dictum* reads: *Lapis auri index, aurum hominum.* The second half is left out here by accident, as the translation shows.

[2] The rest of the line containing this hemistich is blank; a concluding hemistich may have been accidentally omitted.

47

26. Sialldan er Seggia Nidium Frægder Forelldra/ færdar til Lofstyrs. 27. Enn ef Vamm þeirra vissu drotter/ hellst mundu Börnum þad heim færa.

CHYLONIS DICTA

1

i. *Nosce te ipsum.* ii. *Ne cui invideas mortalium.* iii. *Temperantiam exerce:* iiii. *Turpia fuge.* v. *Tempori pare.* vi. *Iuste rem para.* vii. *Multitudine place.*
1. Þig sialfan giörst þeckia skyllder. 2. Aufund varast. 3. Vert stilltur best. 4. Vammer vmfly : 5. Venst Stundglöggur. 6. Afladu riett. 7. Aullum vel giediest.

2

viii. *Sapientia vtere :* ix. *Moribus probatus esto.* x. *Ne quid suspiceris.* xi. *Oderis calumnias.* xii. *Ne fueris onerosus.*
8. Neyt Hyggenda. 9. Haf gott Dagfar. 10. Grunseme ræk ei. 11. Nie Ræge tungu. 12. Illt þiker ef þier ofdællt giörer.

3 *Ex Ausonio*

xii [sic]. *Nolo me minor metuat; Despiciatque maior :*
13. Kys eg so fyrer mig koma Læge/ mig ei hrædest minne hattar/ Ecke helldur efre Stiettar Menn/ af Maklegleikum mig forlijte.

4

xiiii. *Vive memor mortis, vt sis et memor salutis :* xv. *Tristia cuncta exuperans, aut animo aut amico.*
14. Hygg ad Dauda og hallder Velferdum/ varast so Klæke/ ad vel þier Kuöllde. 15. Motgang vinner med Hugarstyrk/ eda þier Viner veite Skammdægre.

5

xvi. *Tu bene si quid facias, non meminisse fas est.* xvii. *Grata senectus homini, quæ parilis juventæ.* xviii. *jlla juventus grauior, quæ similis senectæ.*

16. Sialfhool ecke set a Velgiörder/ 17. Ellenne yntum ef Æskublom bære/ 18. Su er Æskan Ellenne þyngre/ sem hennar Annmarka hefur snemma.

SOLONIS DICTA

1

i. *Deum cole.* ii. *Parentes reverere.* iii. *Amicis succurre.* iiii. *Nemini invideto.* v. *Veritatem sustineto.* vi. *Non jurato.* vii. *Legibus pareto.* viii. *Cogita quod justum est.*
1. Hellst Gud dyrka. 2. Heidra Forelldra/ 3. Vinum vertu Biargvætter. 4. Varastu Aufund. 5. Sannleik þoler. 6. Sia þig vid Eidum. 7. Lögfylgin vertu. 8. Lasthuga fordast.

2

ix. *Iracundiam moderare.* x. *Virtutem laudato.* xi. *Malos odio prosequere.* xii. *Ausonius: Dico tunc vitam beatam, fata qvum peracta sunt.*
9. Bræde vel hepter. 10. Hrosa Manndygdum. 11. Hreckuijsa jafnann hater dolga. 12. Sælan matt önguan fyrer Andlat seiga. Af Vtförum siest Audnan Seggia.

3

xiii. *Par pari jugato coniunx, Dissidet quod impar est:*
13. Vinskap stofner vid jafningia/ Olijker sundrast einatt helldur.

4

xiiii. *Clam coarguas propinqvum, sed palam laudaris.* xv. *Pulcrius multo parari quam creari nobilem.*

14. Vijta j Hliode Vine þijna/ enn þa lofer so adrer heyre. 15. Betra er ad vinna til Vegsemda/ Enn þott erfer Atkuæda Titel.

THALES MILESIVS

1

i. *Principem honora.* ii. *Amicos probato :* iii. *Similis sis tui.* iiii. *Nemini promittito.* v. *Quod adest, boni consulito.* vi. *A vitijs abstineto.* vii. *Gloriam sectare.* viii. *Vitæ curam agas :*
1. Vird Höfdingia. 2. Vinena reyner. 3. Ræk Jafnadar gied. 4. Gunna [*sic*] lofast önguum. 5. Vn vid orden hag. 6. Illu sneider fra. 7. Elsker afbragd. 8. Og vm Lijf hirder.

2

ix. *Pacem dilige.* x. *Laudatus esto apud omnes.* xi. *Susurronem ex ædibus ejice.* xii. *Ausonius. Turpe quid ausurus, te sine teste time.*
9. Fridgiarn siert. 10. Af Firdum vel laaten. 11. Roogs tungu rek wr hwsum. 12. Blygdast ad fremia þo beint siaae eingen/ neitt huad Lydum liott ma þikia.

3

xiii. *Vita perit morte meriti gloria non moritur.* xiiii. *Quod facturus eris, dicere sustuleris :* xv. *Crux est si metuas vincere quod nequeas.*
13. Lijfed Hölda lijdur ad Sköpum/ enn Mannord mun leingst vppe. 14. Allfa laat þitt Aform vita. 15. Neyd er ad hrædast sem hindrad fær ecke.

4

xvi. *Cum vere obiurgas, sic inimice iuvas.* xvii. *Nil nimium, satis est, ne sit et hoc nimium.*
16. Ovinur kiemur ei opt ad gagne/ hellst nema þegar haglega vijtar. 17. Einskes Hlutar Ohoof vel fer/ Maaten er marghæfastur.

Hier er ender a Spekinga fornum og godum Frædemalum/ Þeir höfdu siö samtijda aller/ Lydstiorn og Laga j Lande Grickia.

IOHANNIS SVLPICII DE CIVILITATE MORUM

1. *Quos decet in mensa mores servare docemus*
   Virtuti vt studeas, literulisque simul.

   Börnum öllum biodum vier/ Bordsid þann sem stendur hier/ Les og Nam so lære þier/ List og Kurt sem fromum ber.

2. *Qvæ prius admoneo, miti puer indole serva*
   Præque tuis oculis, hæc mea Jussa tene.

   Fyrre set þann Frædahag/ festa skallt og stunda miög/ helldur Ast enn Högg og Slög/ hallde þier vid þesse Lög :

3. *Sit sine labe toga, et facies sit lota manusque*
   Stiria nec naso pendeat vlla tuo.

   Yferhöfn sie ætijd klar/ Andlit þuodu þegar j Aar/ hreinar laattu Hendur smar hange ei wr Nefc Taar.

4. *Et nihil emineat, sit et sine sordibus vngues*
   Sit coma, sit turpi calceus absque luto.

   Huijt sie Nögl j hoofe stor/ hreinsa burt huad vnder for/ lidest vel þinn Lockur mior/ leirugur ei skyllde Skor.

5. *Linguaque non rigeat, careant rubigine dentes*
   Atque palam pudeat, te fricuisse caput.

   Tungan skal ei treg nie stird/ Tönnen huör sie Roda fird/ ef þu klorar Koll med Dirfd/ kallsa mun þig Sueina hird.

6. *Exprimere et pulices, scabiemque vrgere nocentem*
   Ne te sordidulum, qui videt ista, vocet.

   Berlega ef Ferger Flær/ favijslega Vosed klær/ Oþocka þig vitum vær/ Virder sa þier stendur nær.

7. *Seu spuis, aut mungis nares, ructasve memento*
   Post tua concussum vertere terga caput.

   Hræker eda Hoster þu/ hreinser Nef þad minnest nu/ Höfde þier til Hæla snu/ hæverskleg er Breytnen su.

8. *Mucorem haud tangas digitis, sputumve resorbe*
   Panniculo nasum, mungere namque decet.

   Hraka jafnsnart hritt fra Bwk/ Hor med Fingrum ecke striuk/ kyrlega med Klienum Dwk/ kwgie Nefed Hönden miuk.

9. *Et ructare cave, qvin ora in terga reflectas*
   Stringe os, et crepitum, coge tenere nate.

   Hostande þann haf þu Snid/ Höfde snuer vt a Hlid/ lyk þinn Munn þo lwter vid lattu ecke hliod af Kuid :

10. *Munditiæque tibi placeant, medio quoque cultu*
    Vtere, ne turpis, vel videare levis.

    Haf þad Skart sem hooflegt er/ Hreinmenskan sie þeckust þier/ ad ei virde Oþyrmer/ eda volsara huör þig sier.

11. *Nec maledicta refer, nec promas turpia dictu*
    Qvæ natura Jubet esse tegenda, tegas.

    Tungu þijna tem og still/ tala ei Blot nie Orden jll/ huad Natturan huled vill/ hennar Raad vm þetta fyll :

12. *Moribus vrbanis curato præditus esse.*
    Parce gulæ turpi, luxuriamque fuge.

    Hæversku og hreinan Sid/ halltu jafnan sem eg bid/ mögulega metter Kuid/ Munadar lijfe sia þu vid.

13. *Parce et avaritiæ, et bilem frenare memento*
    Jnvidulus, tumidus, non odiosus eris.

    Fiegirne ecke fylgia matt/ fordast allan Reide haatt/ Metnad/ Aufund/ Mood og þratt/ Mannhatur vel varast att.

14. *Desidiam fugies, atque otia turpia pelle,*
    Et ludi turpes, sint procul atque viri.

    Omenska sie alldrei kiær/ Idiuleyse bönnum vær/ Loddara ei laat þier nær/ liotre Skiemtan siert þu fiær.

DE CIVILITATE MORUM

15. *Fidus sis, Junctusque bonis, temerarius esse*
    Despice, non audax sis timidusve nimis.

    Giarnan þier vid goda hallt/ giegn og trur j öllu skallt/ Hirtu ei ad ottast allt/ Ofdirfdar þui margur gallt.

16. *Nec penitus mutum, nec te decet esse loquacem*
    Convenit ille thoro, convenit iste foro.

    Ei mun hæfa vngum Hal/ Ordlaus Þögn nie mijked Hial/ Þögn er hent j Sængarsal/ Sögn a Torge ganga skal.

17. *Et mansvetus eris, rectum te lectus habebit.*
    Detege nec socium, nec tua membra move.

    Kyrran riettan Huijla hrein/ hafe þig enn varast Kuein/ Sporna vid ad sparke Bein/ spirn ei burt wr Recku [sic] Suein.

18. *Nec sis difficilis nimium, nec credulus esto.*
    Dedecus et metuas, et reverere probos.

    Audgintur fær ætijd Spie/ eirnen varast Tortrygne. Fromum lattu Fylgd j tie/ Fals og Lyte Huimleid sie.

19. *Futilis et mendax nunquam nimiumve severus*
    Esto, sed et comem munificumque velim.

    Lausmall ei nie lygen vert/ Lundgodur vid alla siert/ Liufur skyllder leynt og bert/ launa vel huad þier er giört.

20. *Sis pius atque colas superos, venerare parentes*
    Et noceas nulli, surripiasque nihil.

    Godfus siert og Gudrækin/ giarnann heidra Fedgenin/ Varast skallt ad verda Huinn/ votta önguum Pilltskap þinn.

21. *Nec sis vinosus, qvam vis potasse Catonem:*
    Fama refert, fugias sumere vina mera.

    Þo vm Cato fliuge Fregn/ frekar dryckie mörgum Þegn/ I Vijne siertu var og giegn/ so ville þig ei Dryckur megn.

22. *Ne sis derisor, non somniculosus, iniqvus:*
    Non Judex, nec tu testis iniqvus eris.

    Leyfest þier ei Last nie Spott/ Lete suefnar Suall nie Glott/ Lymskudom og Lyge vott/ laat þier alldrei þikia gott.

23. *Omnibus in rebus studeas puer esse modestus*
    Sis cupidus laudis, sit tibi cura boni.

    Hæverskur a allan Haatt/ Yngismadur reynast aatt/ Göfugan Ordrom girnstu þraatt/ godu fylg sem mest þu maatt.

24. *Sic bene moratum laudabimus atque colemus*
    Sic et honorus eris, sic eris ipse gravis.

    Sidugum bæde Sæmd og Aast/ synum þa og virdum skaast. Aller vilia ad þier daast. Ærumadur muntu siast.

25. *Nunc faciles aures, animum qvoque præbe serenum.*
    Morigerare mihi, mollia Jussa dabo.

    Ad þui nu med Eyrum giæt/ jnnelega j Huga ræt/ Bod mijn virder blijd og sæt Bordsid nyan framme læt :

26. *Non sum qui laudem, sumo [sic] te accumbere mane*
    Judice conveniens, me dabit hora cibum.

    Þeim j Aar sem sedia sig/ samlyndann og [*sic*] jata ei mig Maaltijdarstund maatulig metta skyllde sialfan þig.

27. *Nec vos ante focum, cænas producite longas*
    Hoc faciet caupo, qui sapit ista, fugit.

    Sæmer eige sijd a Kuölld/ sig ad metta kringum Elld/ Kromanna þa Hegdun Helld/ hygnum skyllde ogiedfelld.

28. *Sterne thoros nitide, lotosque appone qvadrantes*
    Atque salem et Cererem, flumina, vina, dapes.

    Bordduka skallt breida sliett/ Braud og Diska laat ei þiett/ Vatned Vijn og sallt sie sett/ sijdast berer jnnar Riett.

29. *Te vitare velim cupidus ne vt lurco sonoras*
    Contrectes fauces, mandere rite decet.

    Heimskleg varast Huomalaat/ hlunkande er þeirra aat/ Vm Neyslu þijna Munn og Maat/ minstu vel ad hafa Gaat.

30. *Et licet antiqui, cubuissent pectore prono.*
    Te colla hæc ætas, recta tenere Jubet.

    Fornmönnum.er fært til Maals/ framm[l]wt var þeim Bordun frials/ þijnum All[d]re somer sialfs/ sitier vpp med riettan Haals.

DE CIVILITATE MORUM

31. *Et sinito mensæ, cubitis hærere potentes*
    Tu tantum faciles, pone repone manus.
    Olbogum þo Borded a/ Bondan meiger stydia siaa/ Hendur ber þu hægt sem ma Huijldarlausar til og fra.

32. *Tuque puer Jubeo, sedeas vel raro sed astans*
    Pocula miscebis, poneve, tolle dapes.
    Sialldnar leyfest Sæte þier/ sæmre Frammestada er/ Rendu Bior a Roos og Kier/ Riette jnn og burtu ber.

33. *Juraque convivas super importare minister.*
    Effuge, nam turpis sæpe sit inde toga.
    Rasa ei nie rek a Stod/ Riette þa þu ber j Bod/ gutlest ei a Geste Sod/ gulnar af þui Hafnarvod.

34. *Quodque Jubebit herus, facilis semperque subito*
    Quemque tibi dederit, tu tibi sume locum.
    Bonda Hwssens Bod og Ord/ braatt og giarnan lattu giörd. Þar hann sette þig vid Bord/ þeirre attu ad hallda Skord.

35. *Quodque vir egregius pavido tibi porrigit, illud*
    Sume libens, grates aptaque verba refer.
    Settum þier huad Sæmdar mann/ sender eirn og rietta kann : Giarnan þigger Goda þann/ giör þig hönum þacklatan.

36. *Esto tribus digitis, magnos nec sumito morsus*
    Nec duplices offas, mandere vtrinque Juvet.
    Med þrem Fingrum mettast att/ matulega biter smatt. Tuent j senn ei tyggia matt/ Tennur skallt ei hefia haatt.

37. *Dapsilis et largus semper blandeque sodali.*
    Jmpartire tuo, pauperibusque dapes :
    Giæt af Riettum goduikinn/ giarnan optar enn vm sinn. Legger fyrer Laxmann þinn/ Lijkn voludum giarnan vinn.

38. *Nec nos obscænos laudabimus aut comedones*
    Esse decet vivas, vivere non vt edas :
    Fantur er sa hia fromum sat/ fyllte sig þa mest sem gat. Ad þu lifer etur Mat/ ei lifer ad tæma Fat.

39. *Namque cibus nimius, capiti stomacoque nocebit*
Corporis et vires, ingenijque rapit.

Bwk og Höfde bruggar Sott/ Belgfylle þo hafe hliott. Bæde Hollds og Hugar þrott/ hrinder burt og ræner skiott.

40. *Gausape non macules, aut pectora, nec tibi mentum*
Stillet, sitque tibi, ne manus vncta, cave.

Borddukum og Bringu a/ Blette öngua lattu sia. Höku eckert falli fra/ feitug Hönd ei vera ma :

41. *Sæpe ora et digitos, mappa siccabis adapta*
Jnque qvadra faciat, non tua palma moram.

Med Handklæde huört eitt sinn/ hreinka Munn og Fingurinn/ lattu ecke Lofa þinn liggia framm a skierdiskin.

42. *Quod tibi vicinum fuerit, tu sume, sodali*
Cede tuo, referat dum tamen ille manum.

Neyt af þui sem nalægt er/ nöckud skier fyrst sialfum þier. Riett ad þeim sem sat hia þier/ sijna Hönd ef mote ber :

43. *Dumque in frusta secat, caveas sumsisse rescisa*
Lurco legit dulces, absque pudore bolos.

Ecke skallt afsnijda þar/ adur sem hann Stycked skar : Mathakur er huörge spar hender þad sem sætast var.

44. *Non manibus gremio immissis, tibi vellicet vnguis*
Quod sumes resides, non agitato pedes.

Illan virdum Aula hatt/ jnn j Barm ad fitla þratt/ Vm Kraser ei kiosa maatt kyrr med Fotum sitia aatt.

45. *Jnscidasque prius, quam dens contundat ofellam*
Tingatur rursus, ne tibi morsa cave.

Bitann fyrr a borde skier/ enn berer vpp ad Munne þier. Þad ma eige koma j Kiör/ klypt med Tönnum adur er.

46. *Nec lingas digitos, nec rodas turpiter ossa.*
Ast ea cultello, radere rite potes.

Fingrum sæmer Flensun nein/ forda þier ad naga Bein/ Knijfur þo þau kroppe hrein/ kallsa þarf ej vngan Suein/

47. *Sique super mensam cortex cumuletur, et ipsa*
    Ossa vel in pateram, præ pedibusque Jace.

    Vgga Bein og annad Hrat/ ohæft þeim vid Borded sat/ tindu allt j toma Fat/ trod ei med Footum neitt af Mat.

48. *Nec tanquam ficos tenta, non delige frusta :*
    Et quocunque manus, huc tibi lumen eat.

    Freista ei sem Fijkia sma/ nie falma ymsum Stickium a/ huört sem ber þu Hendur fra/ hæfer fyrr med Augum sia.

49. *Nec socium torve aspicias, quidve ederit ille*
    Aduertas, gestus inspice sæpe tuos.

    A Sessu naut ei siadu hart/ sit eige vm hans Neytslu art/ Side þijna sialfur þarft/ sia jafnan ad vel sie vart :

50. *Pocula cum sumes tergat tibi mappa labella.*
    Si tergas manibus non mihi carus eris.

    Strax sem Dryck af Staupe fær/ striuk med Lijne varer tuær. Ef med Hende þurkar þær/ þa skallt mier ei vera kiær.

51. *Vna manus pateram sumat, ni hanc Jactet in hostem.*
    Theseus aut Beli, sint monumenta patris.

    Ein Hönd Fat vpp take riett/ vtan biode Fodurstiett/ Eda hefne Ovin prett/ Adstod hliote verda þiett.

52. *Tunc binis pateram manibus captabis, id apte.*
    Efficies, digitis vascula summe [sic] *tribus.*

    Tueim Höndum ef taka skallt/ tierlega þad vinner allt/ Stauped laat ei verda vallt/ vel med þremur Fingrum hallt/

53. *Et teneas oculos, nec supra pocula fare.*
    Plena aliquo vita, sit tibi bucca cibo.

    Stödug skal þijn Sion og suinn/ suara ei j Bikarinn/ Tyggiande ei tuttne Kinn tala ei vm Bita þinn.

54. *Deme merum cyatho, multum ne forte supersit*
    Quod nolit socius sumere forte tuus.

    Aul af Skal ef epter var/ aftæmer so sie ei par/ Stallbrodur þeim Stauped bar/ styggiast kann ef þiggur þar.

55. *Qui sapit extinguit multo cum fonte falernum*
Et parco lympham diluit ille mero.

Vatned deyfe Vijned frekt/ Virda huör sem hefur Spekt/ Beysuöl med betre slekt blandad nöckud laat þier þekt.

56. *Nec facies binos haustus, nec fessus anheles.*
Sibila nec labijs, stridula prome tuis.

Senn ei þigger Teyge tuo/ tak ei Aund nie Mæde so/ nær sig Munnur saman dro/ sia þu vid ei blistrer þo :

57. *Nec cito sorbebis velut cui lutea grati.*
Nec nimium tarda, suma falerna mora.

Swp ei öl nie suelger liott/ sem vr Egge Stropa fliott/ Swg ei helldur seint og miott/ saktarlega drecker hliott.

58. *Vnum siue duo ad sumum* [sic] *tria pocula sume*
Si hunc numerum excedis, Jam mihi potus eris.

Fyrsta annad þridia þu/ þigger Staup þad næger nu/ ef eykur a þesse þriu/ þike mier ei Dryckian tru.

59. *Fac videas quodcunque bibes modicumque pitissa*
Crater sive calix, det tibi vina brevis.

Huad þu dreckur huxa aatt/ hæfelega smacker smatt/ Bordkier huörke breitt nie haatt/ bera þier ad Munne maatt.

60. *Os quoque tergebis semper post pocula, palmas.*
Ablue, cum mensam deseris, atque labra.

Ætijd Munnen epter Kier/ a Handklæde þurka ber/ Hönd og Varer þurka þier/ þegar Vndan Borde fer.

61. *Inflectensque genu Jungens quoque brachia, prosit*
Dicito, sed tolles ordine qvæque suo.

Beygdu Hnie enn Höndum tueim/ halltu saman og þacka þeim/ Sem fostrar allt vm Folld og Geim/ fær so allt af Bordum heim :

Seinast klener Sueinar þa/ Side bid eg hlyde a/ Vnne kunne jnne fra/ Ending kiend nu lenda ma.

DE CIVILITATE MORUM

ORATIO DOMINICA

O Pater, ô rerum sola atque æterna potestas.
  Sub pedibus cuius sidera clara micant
Da precor, vt sancto cuncti venerentur honore
  Nomen in hoc toto, quâ patet, orbe tuum.
Da, quo te vera tandem pietate colentes
  Fiamus regni pars quotacumque tui.
Ac pariter toto cælo, totumque per orbem
  Cuncta tuo arbitrio convenienter eant
Nec non præsenti victum pater optime vit[æ]
  Suffice, et hæc solito corpora pasce cibo.
Atque vt nos alijs, tu sic commissa vicissim
  Et nostrum nobis, quæso remitte nefas
Nec nos tentari patiaris ab hoste, nec vltra.
  Quam tolerant vires pectora nostra premi
Sed simul a cunctis vitæque animæque periclis
  Præsidio fretos ipse tuere tuo.
Solus enim regnas, soli tibi summa potestas
  Gloriaque in nullos emoritura dies.

BENEDICTIO MENSÆ

His epulis donisque tuis benedicito Christe
  Vt foveant Jussu corpora fessa tuo
Non alit in fragili panis modo corpore vitam
  Sermo tuus vitæ tempora longa facit :

GRATIARVM ACTIO POST SUMPTUM CIBUM

Postquam epulis exemta fames, mensæque remotæ,
  Dicemus grates nos tibi summe Pater
Non hæc humanas vires alimenta iuvabunt
  Divina si non hæ foveantur ope.
Namque tuo vivunt agitata â Numine cuncta
  Adflatu spirant cuncta, valentque tuo.
Nunc etiam gratis animis alimenta ministra,
  Atque immortali pectora pasce cibo.
Et quia cura sumus tua nos pater optime serva
                                              Et

APPENDIX I

HUGSVINNSMÁL
Paraphrase of the XIIIth Century

HUGSVINNSMÁL

1. Heyri seggir,   er vilja sið nema
    ok góð verk gera,
   horsklig ráð,   er heiðinn maðr
    kendi sínum syni.

2. Ástsamlig ráð   kennik þér, minn einkason,
    mun þú þau eptir öll;
   gálauss þú verðr,   ef gleyma vilt
    því er þarf horskr at hafa.

3. Þarflátr ok þakklátr   skalt fyr þínum guði
    ok vammalaus vera;
   föður ok móður   unn þú fróðhugaðr,
    ræk alla þína ætt.

4. Ef þér góðan grip   gefa hollir vinir,
    eig þú þann ok un;
   góðu þú fylg,   en gakk illu frá,
    hvergi fyr ráð rasa.

5. Bragna hvern,   er á brautu finnr,
    kveð þú kunnliga;
   ófróðr þykkir   sá er einskis spyrr,
    ef finnr at máli mann;
   hreinlífr vert,   hræzk þinn læriföður,
    halt þú heiðsæi.

6. Afli deila   skalt aldrigi
    þér við meiri mann;
   athuga öflgan   skalt við alt hafa,
    ræk þín hús ok hjú.

APPENDIX I

7. Blíðmæltr skalt   við bragna lið,
      hirð þitt fengit fé;
   minni ok manvit   nem á marga vega,
      ok kenn þat síðan sonum.

8. Hatri hafna,   hlæ þú manngi,
      gjald þú gjöf við gjöf;
   vakr þú vert   ok ver nær staddr
      lýða lögskilum.

9. Sjaldan sitja   skalt sumblum at,
      drekk þú varliga vín;
   eiginkonu þinni   skalt unna vel,
      hygg fyr hverri gjöf.

10. Oddi ok eggju   ver þína óðaljörð,
       eigi þú auðtryggr ver;
    fyr orðum ok eiðum   hygg öllum vel,
       halt þín heit við fira.

11. Bækr ok rúnar   nem þú blíðliga,
       ger við góðan vel;
    illra kvenna   firr þik öllu lagi,
       ráð þú hverjum heilt.

12. Ráðhollr ok réttdæmr   ok reiði stiltr,
       mæl ei við ýta ilt;
    kostum safna,   kynn þik við góða menn,
       vinn þú ei löst né lygi.

13. Ógöfga menn   né ölmusur
       skalt at hlátri hafa;
    þolinmóðr ver,   bregð ei af þeim lögum,
       er þú settir sjálfr.

14. Af afli þínu   vert óhræsinn,
       launa góðu gott;
    annars eign   girnzk aldrigi,
       unn þeim er elska þig.

HUGSVINNSMÁL

15. Fámálugr ver,   er með fyrðum kemr
ok at samkundu sitr;
annan fýsa   skalt ei illra hluta,
mæl þú gott ok ger.

[I]

16. Allra ráða   tel ek þat einna bezt
(1) [1]   at göfga æztan guð;
með hreinu hjarta   skalt þú á hann trúa
ok elska af öllum hug.

17. Ofsvefni tæla   lát þik aldrigi;
(2)   kosta vakr at vera;
leti ok lasta   verðr þeim er lengi sefr
auðit iðuliga.

18. Ómálugr skal   ok í orðum stiltr
(3)   sá er vill guðs ást geta;
æðra krapt   fær maðr aldrigi
en vera í tungu trúr.

19. Ýmisgjarn   ver þú aldrigi;
(4)   sáttr ver við sjálfan þik;
seggja engum   verðr sá samhuga,
er sundrþykkisk við sik.

20. Ef at ýta lífi   hyggr þú öllu saman
(5)   ok sér þeira siðu,
þat þú finnr,   er fira reynir,
at fár er vamma varr.

21. Ef eyri átt,   þann er þér ekki stoðar
(6)   eða hlýtr ógagn af,
gef hann burt,   þótt þér góðr þykki;
mart er fríðara en fé.

---

[1] The numbers in parentheses refer to the corresponding distichs in the Hólar Cato. See the note at the end of this appendix.

APPENDIX I

22. Blíðr þú ver,   en stundum bráðskapaðr,
(7)   ef gerask þarfir þess;
    vel má þat verða   at skipti vitr geði,
    þótt hann lastvarr lifi.

23. Konu þinnar   hlýð eigi kveinstöfum,
(8)   þótt hún þræla saki;
    opt hún þann hatar,   er þér hollr gerisk;
    reyn hvat et sanna sé.

24. Ef þú vin átt,   þann er þér vildr sé,
(9)   fýs hann gott at gera;
    orða þinna   þótt hann óþökk kunni,
    þó skalt hann við vammi vara.

25. Hirð eigi at senna,   þótt satt vitir,
(10)   við hvassorða hali;
    málskálp mikit   er mörgum gefit;
    fár er at hyggju horskr.

26. Þann dugnað   veit þínum vinum,
(11)   at eigi fylgi mein til mikit;
    annars illsku   lát aldrigi
    standa þér fyr þrifum.

27. Öll tíðendi,   þau er upp koma,
(12)   ræð eigi fyrstr með firum;
    betra er at þegja   en þat at segja,
    er reynisk lýðum at lygi.

28. Öðrum heita   skalt eigi því,
(13)   er und öðrum átt;
    opt þik tælir   sá er þú trúat hefir;
    brigð eru bragna orð.

29. Metnað þinn,   þótt þik menn lofi,
(14)   lát eigi miklask til mjök;
    hælins manns orði   þarf eigi hverju trúa;
    sjálfr kenn sjálfan þik.

30. Allan dugnað,   er þér annarr veitir,
(15)   mun þú ok mörgum seg;

HUGSVINNSMÁL

  vinum þínum þótt þú vel dugir,
   hirð eigi at hrósa því.

31. Ungr skal venjask því er þarf aldraðr hafa;
(16) varask við löst meðan lifir;
  ávítalaust mátt eigi elligar
   dæma um seggja siðu.

32. Einmæli manna ræk aldrigi;
(17) hirð þú aldri at hlera;
  um sik ræða ætlar seggja hvern,
   hinn er veit á sik sakir.

33. Við meinum varna á marga vega,
(18) þótt sért fullsterkr at fé;
  opt verðr aumr sá er fyr aurum ræðr;
   ilt er auði at trúa.

34. Af annars dauða vænt aldrigi
(19) at þér gagn gerisk;
  aldrlagi sínu ræðr engi maðr;
   nær stendr höldum Hel.

35. Ef þér litla gjöf gefr af léttum hug
(20) vinr, sá er válaðr er,
  þiggja skalt ok þakklátr vera;
   ást fylgir aums gjöfum.

36. Öreigu þína lát þér aldri gera
(21) harðan hugtrega;
  hins þú minsk, er þik móðir bar,
   svá at þér fylgdi ei fé.

37. Aldrlagi sínu kvíði engi maðr
(22) né um þat önn ali;
  dugir eigi dagr þeim er dauða forðask;
   engi feigð um flýr.

38. Vinir þínir ef þér verr duga
(23) en þú þykkisk verðr vera,
  þess meins völd kenn ei þínum guði;
   saka þú sjálfan þik.

APPENDIX I

39. Auðar afla   skalt alla vega
(24)   sem drengmenni dugir;
   aura þína   skalt ei til ónýts hafa,
     þótt þik vel auðgan vitir.

40. Sinni optar   heit eigi seggjum gjöf,
(25)   er þú veita vilt;
   símálugs orð   þykkja snotrum hal
     vindi lík vera.

41. Fláráðs orðum,   þótt fagrt mæli,
(26)   þarft eigi þeim at trúa;
   glyslig orð   lát í gegn koma;
     gjalt svá líku líkt.

42. Ef þér erfingja   auðit verðr
(28)   ok ert fáskrúðigr at fé,
   jóðum þínum   kenn íþróttir,
     er þeim fæzlu fái.

43. Fé þik eigi tæli,   þótt þér fagrt sýnisk,
(29)   né til síngirni snúi;
   annars eign   fýsisk illr at hafa;
     snotr er sá er sínu unir.

44. Ljótlig vömm   ef þú lasta vilt,
(30)   drýg ei sjálfr en sömu;
   annan lýta   samir eigi þér,
     ef veizk þik syndgan sjálfr.

45. Einskis biðja   skalt annan þess,
(31)   er gengr af réttu rifi;
   ósnotr maðr   biðr þess iðuliga,
     er hann þarf hvergi at hafa.

46. Ókunnan mann   virð engu framar
(32)   en þinn vísan vin;
   margr er illr,   er læzk aldyggr vera;
     brigð eru útlendra orð.

47. Hvern dag,   meðan þér heilsa gefsk,
(33)   ver þér at nökkuru nýtr;

68

HUGSVINNSMÁL

    sótt ok dauði   kemr þá er sízt varir;
        brigt er lýða líf.

48. Gjafir launa   skalt við góðan hug,
(35)   þær er þér veita vinir;
    rækð ok elska   helzk með rekka liði
        þeira er at þörfum dugask.

49. Þræta eða þjarka   skalt eigi við þína liða,
(36)   heldr væginn vera;
    sanna elsku   gerir samþykki,
        en þverúð af þrætu vex.

50. Þrælum þínum   reizk eigi þungliga,
(37)   svá at þeim grand gerir;
    sjálfum sér   aflar sýns skaða
        hverr er sinn meiðir mann.

51. Fyr öðrum vægja   samir þér iðuliga,
(38)   þótt þú meira megir
    þolinmóðr skal vera   við þegna lið,
        sá er vill hæverskan sið hafa.

52. Eigur þínar   skalt eigi til ofneyzlu hafa,
(39)   heldr neyt með hagspeki;
    opt verðr válaðr,   sá er vinna né má
        ok hefir aurum amat.

53. Örr af þurftum   ver við ýta lið;
(40)   dugi þú vel vinum;
    sá mun þrífask,   er þarfr gerisk
        sér ok sínu liði.

[II]

54. Alsnotr maðr,   er vill íþróttir nema
        ok vel mart vita,
    bækr hann nemi, er gerðu bragnar spakir.
        þeir er kendu fróðleik firum;
    [því at á fornum bókum   stendr til flestra hluta
        ráða fjöld ritin.]

APPENDIX I

55. Gæzku safna   skyldi gumna hverr,
    sá er vill hyggindi hafa;
    æðri spekð   getr maðr aldrigi
    en lastvarr lifa.

56. Ókunnum manni   samir þér opt vel duga,
(1)   ef vilt vinsæll vera;
    veldi betra   þykkir vitrum hal
    at eiga víða vini.

57. Áhyggjur skalt bera   fyr engum hlut,
(2)   þeim er leynir guð guma;
    himneska hluti   mega eigi höldar vita,
    þeir er í heimi hafask.

58. Einskis hlutar   skalt óráðins þræta
(4)   reiðr við rekka lið;
    því at reiðr maðr   fyllisk rangs hugar;
    má hann eigi satt um sjá.

59. Fengins fjár   neyt þú framliga;
(5)   ver þíns mildr matar;
    aura njóta   lát auma fira,
    ef gerask þarfir þess.

60. Litlu láni   fagni lýða hverr,
(6)   hafi eigi metnað mikinn;
    í litlum polli   haldask lengi skip,
    þau er brýtr hregg í hafi.

61. Ill tíðendi,   þau er upp koma,
(7)   ræð eigi fyrstr með firum;
    ver þagmælskr,   ef allir þann lasta,
    er einn gerisk frumkveðill at.

62. Ódyggra manna   skalt eigi atferð nema,
(8)   þótt þeim verði flærð at fé;
    löstum leyna   mega lengi þeir,
    en upp koma um síðir svik.

63. Engan fyrirlít,   þótt aflvani sé
(9)   eða ljótr eða lágr skapaðr;

margr er hygginn, þótt sé herfiligr,
    maðr þótt lítit megi.

64. Friðsamr við annan   skyldi fyrða hverr,
(10)   þótt hann meira megi;
    opt sá hefnisk,   er halloka verðr,
    ok vegr um síðir sigr.

65. Til farsælu sinnar   þarf engi frétt at reka,
(12)   né um þat önn ala;
    guð veit görst,   hverjum hann giptu ann;
    viti þat eigi fyrðar fyrir.

66. Öfund ok þrætur   skal ýta hverr
(13)   forðask sem mest hann megi;
    öfundsamt hjarta   mæða oftregar;
    eigi þat satt um sér.

67. Ef þik ríkir menn   dæma rangliga,
(14)   ger þér eigi hryggt í hug;
    lengi eigi njóta   munu þess lýða synir,
    er þeir sælask á svikum.

68. Liðnar heiptir   skalt eigi lengi muna;
(15)   ver í tryggðum trúr;
    sakir at sækja,   þær er sættar eru,
    þat kveða ódyggs aðal.

69. Sjálfan sik   skyldi seggja hver
(16)   Lasta eigi né lofa;
    þeir þat gera,   er ógegnir eru
    ok vilja þó heims skraut hafa.

70. Af hyggjandi sinni   skyldi maðr ei hræsinn vera,
(18)   nema gerisk þarfir þess;
    opt at haldi   hefir ýtum komit
    at leynask spakr at speki.

71. Fégirni rangri   skalt firra þik;
(19)   ljót er líkams munúð;
    orðstír hæra   getr maðr aldrigi
    en við syndum sjá.

71

APPENDIX I

72. Sögvísum manni   skalt sjaldan trúa,
(20)   þeim er með rógi rennr;
málugra manna   reynask margar sögur
lýða kind at lygi.

73. Ofdrukkinn maðr,   ef ilt gerir,
(21)   er eigi várkunnar verðr;
sjálfr því veldr,   er hann svá drekkr,
at síns geðs eigi gáir.

74. Mál þat hvert,   er eigi skulu margir vita,
(22)   ber þú fyr ómálgum upp;
hygginn maðr,   sá er vill heilsu taka,
lætr ept góðum lækni gera.

75. Optlig mein   skal maðr eigi illa bera,
(23)   ef hann er vítis verðr;
sinna verka   skal seggja hverr
laun með leigum taka

76. Búinn við meinum   skyldi bragna hverr,
(24)   þótt gangi at óskum alt;
sterklig stríð   hygg ek standask mega
hvern er þeirra búinn bíður.

77. Margvitr maðr,   er fyr meinum verðr,
(25)   láti eigi sinn hryggja hug;
góðs at vænta   skyldi gumna hverr,
þótt sé til dauða dæmdr.

78. Hársíðan mann   sák í hölda liði,
(26)   þó var honum skalli skapaðr;
svá er sá maðr,   er mart á fjár
ok verðr um síðir snauðr.

79. Um at lítask   þarf maðr alla vega
(27)   ok við víti varask;
glöggþekkinn   skyldi gumna hverr,
fróðr ok forsjáll vera.

80. Áts ok drykkju   neyt aldri svá,
(28)   at þitt minkisk megin;

HUGSVINNSMÁL

til afls ok heilsu þarft alt at hafa;
lifat þú mart at munúð.

81. Alþýðuróm lasta aldrigi,
(29) þann er lýðir lofa;
engum hugnask, sá er öllum vill
gagnmálugr gerask.

82. Dagráðs leita þarf eigi til dugnaðar,
(30) sá er vill heilindi hafa;
stundir eigi ráða, þótt komi stríð eða hel;
allar eru tíðir trúar.

83. Draumum sínum skyldi eigi dróttir trúa;
(31) tæla þeir ýta opt;
sofanda þykkir, þat er sjálfr meðan vakir
æskir sér eða óask.

[III]

84. Þessi ljóð, ef þekkjask vill,
efla þik til þrifa;
en sá halr, er þeim hafna vill,
stríðir sjálfum sér.

85. Gott skal kenna, sá er vill grandvarr vera,
ok kosta nýtt at nema;
mörgum dugir, sá er af manviti
kennir gott gumum.

86. Manndýrð meiri getr eigi fyr mold ofan
en kenna gott gumum;
fádyggt líf mundu flestir hafa,
ef engi bætti yfir.

87. Illa áleitni ræk þú aldrigi,
(1) ef þú lastvarr lifir;
eigi er auðgætt, svá at öllum líki;
ger svá at góðir lofi.

88. Löstum leyna skalt sem lengst er mátt,
(2) er þú veizt eptir vinum;

73

APPENDIX I

til þess halt, ok lát af hljóði fara,
er þeir bæta sínar sakir.

89. Blíðum orðum þótt þik bragnar lofi,
(3)   þarft eigi þeim at trúa;
opt sá fagrt mælir, er hefir flátt í hug;
gott er at sjá við svikum.

90. Eigi skal sá latr, er vill líf hafa,
(4)   þat er drengmenni dugir;
því fleira lýtir, sem færa nennir
gott at vinna gumi.

91. Höfugt erfiði ef þér at höndum kemr,
(5)   ver þú glaðmæltr gumi;
fagnandi maðr veit flest at vinna;
öll eru lostverk létt.

92. Eigi skalt hlæja, ef vilt horskr vera,
(6)   at annars óförum;
þeir opt hefna, er hlegnir eru,
ok gjalda líku líkt.

93. Aldraðr maðr, er fyr aurum ræðr,
(8)   ok dregr hann sekk saman,
vinum sínum skal sá vel duga
ok vera góðr gjafa.

94. Gott ráð nema skyldi gumna hverr,
(9)   þótt kenni þý eða þræll;
ánauðgan mann hygg ek opt vera
frjálsum fróðara.

95. Algegn maðr með aura fjöld
(11)   vill sér kjósa konu;
þat þá reynisk, ef hann reyna skal,
mundar gjöld mikil.

96. Góðra dæma leiti gumna hverr,
(12)   er vill hyggindi hafa;
vánds manns víti lætr sér at varnaði
ok gerisk góðum líkr.

74

97. Upp at hefja   samir þér eigi vel
(13)   meiri iðn en megir;
   algört verk   dugir þá er unnit er;
      æ spyrr lýðr at lokum.

98. Eigi skal þegja,   þótt sér þess beðinn,
(14)   yfir annars ósiðum;
   illr þykkir sá,   er með öðrum hefir
      ljótu ráði leynt.

99. Liðs skal biðja   þá er ráða lögskilum
(15)   sá er verðr lýtum loginn;
   röngu versk   en réttu náir
      hverr sá er dómendr duga.

100. Unnins vítis   dyli engi maðr,
(16)   ef veit á sik sakir;
   margsnotr gumi,   sá er fyr meinum verðr,
      láti sinn ei hryggjask hug.

101. Gamansamlig ljóð   skalt af greppum nema
(17)   ok mörg fræði muna;
   ágætlig minni   bera fyr ýta lið
      skáld til skemtunar.

102. Fámálugr vera   skyldi firða hverr,
(18)   er at samkundum sitr;
   manvits vant   verðr þeim er mart talar;
      hljóðr er hygginn maðr.

103. Reiðrar konu   skalt eigi rógi trúa
(19)   né at því gaum gefa;
   kaldráð kona   hygg ek klökkvandi biði
      opt óþarfra hluta.

104. Á aura neyzlu   skalt allri hafa
(20)   hóf ok hagspeki;
   annars þurfi   verðr sá iðuliga,
      er sínum hefir aurum amat.

105. Bana sinn hræðask   skal eigi bragna hverr,
(21)   því at hann er endir ills;

75

góðum mönnum, þeim er grand varask,
dauði ok líf dugir.

106. Föður ok móður unni fyrða hverr
(23) jöfnum ástarhug;
hvárskis þeira ræki hylli svá,
at hann týni annars ást.

[IV]

107. Ástsamlig ráð mun þú, einkason,
er ek hefi í kvæði kent;
fræði þetta lát fylgja þér
alt til ens efsta dags.

108. Í ljóðum þessum mega lýðir nema
þat er drengmenni dugir,
gæzku ok mildi, en glæpa viðrsjá,
ráð ok rétta siðu.

109. Á engum hlut skal þér elska vera,
(1)   þeim er hugdyggvir hata;
sínu láni skyldi seggja hverr
una, því er eignask hefir.

110. Angrlauss maðr telr sér einskis vant,
(2)   ef sér atvinnu á;
fégjarn sýtir, þótt fullsælu hafi,
ok þykkisk æ válaðr vera.

111. Gálauss maðr, er eigi vill gott nema,
(3)   kann eigi víti varask;
ógæfu sinni veldr einn saman;
engum er ilt skapat.

112. Líkam sinn ræki lýða hverr;
(5)   heilsa er hverju framar;
aura njóta þykkisk engi maðr,
nema heilsu hafi.

113. Föður ok móður gremsk eigi fróðhugaðr,
(6)   er með ávítum aga;

76

HUGSVINNSMÁL

    reiðr er þér betri,   er þik rækja vill,
        en hrekkvís í hugum.

114. Þat skalt gera,   er þér gegnir vel,
(7_8)   ok við villu varask;
    mildr af þurftum   ver í mörgum hlutum;
        gott er dyggum at duga.

115. Fljóta raun   skalt við flest hafa,
(9)   þat er grunsamligt gerisk;
    leyndir lestir,   þeir er lengi felask,
        gera opt mörgum mein.

116. Ofdrykkju forðask;   hún drýgir erfiði;
(10)   svá skal ok við vífni varask;
    líkams losti   tælir lýða hvern,
        er í sællífi sitr.

117. Afl ok eljan   ef eignask hefir,
(12)   nem þú hyggindi hugar;
    sá beztr virðisk,   er bæði má
        vitr ok sterkr vera.

118. Upp tekna sýslu   ef þú eigi mátt
(13)   orka einn saman,
    tryggvan vin   bið þú ténaðar;
        vel kveða dyggva duga.

119. Blót né fórnir   þarf ei til batnaðar
(14)   fyr ýta afgerðir;
    heimskr er sá,   er ætlar sér sálubót,
        þótt hann sæfi smala.

120. Trúnaðarmanns leita   ef þér tryggs vilir
(15)   ok góðan vin geta,
    at fésælu   kjós þér ei fulltrúa,
        heldr at sönnum siðum.

121. Almanna-lof   ef eignask vilir
(17)   ok heita góðr með gumum,
    ógiptu annars   fagna aldrigi;
        ger þér at góðu gaman.

APPENDIX I

122. Eigi skal hlæja, sá er vill horskr vera,
(18)   at öldruðum afa;
    opt ellibjúgr man þat er ungr eigi veit,
    ok kennir gott gumum.

123. Íþróttum safna skalt á alla vega,
(19)   sem drengmenni dugir;
    þær þér tjá, þótt týnt hafir
    afli ok öllu fé.

124. Málum hlýðir, er með mörgum kemr,
(20)   hölda hygginn maðr;
    því at af orðum kynnask ýta hugir;
    þokka hylr sá er þegir.

125. Íþróttir margar ef þú öðlask hefir,
(21)   kosta þú vinna vel;
    erfiði drýgja þurfu alda synir,
    meðan heilsu hafa.

126. Örlög sín skyldi engi maðr
(22)   vita né um þat önn ala;
    hitt vita flestir, at mun flærðvörum
    dauði ok líf duga.

127. Hyggindi þína lát at haldi koma
(23)   þér ok þínum vinum;
    enga sýslu mátt þér æðri geta
    en kenna nýtt ok nema.

128. Illa láta skalt yfir engum hlut,
(25)   þeim er þú hælt hefir,
    né þat leyfa, er þú lastat hefir;
    ilt er veillyndum vera.

129. Ver eigi svá aumr, at eigi gáir,
(26)   at vænta ens vildara,
    né svá auðigr, at þér örvænt sé
    meins á marga vega.

130. At hyggnum mönnum nem þú horsklig ráð
(27)   ok lát þér í brjósti búa;

78

örþrifráða   verðr sá aldrigi,
er girnisk mart at muna.

131. Mikit mæla   skalt eigi um margan hlut;
(28)   lasta fátt né lofa;
á einni stundu   bregzk þat er ætlat hafa
gott ok ilt gumar.

132. Fyr augum vaxa   lát þér aldrigi
(29)   spyrja nýtt ok nema;
hygginn maðr   lofar hölda speki
en lastar heimskan hal.

133. Ill er ofdrykkja;   ferr hún eigi ein saman;
(30)   fylgir henni mart til meins,
öfund ok þrætur,   óstilt lostasemi,
sótt ok synda fjöld.

134. Mikit vatn   gerir mörgum skaða,
(31)   þótt falli eigi straumar strítt;
svá er seggr   slægr ok langþögull;
þörf er við þeim at sjá.

135. Fávíss maðr,   ef verðr á firði staddr,
(33)   getr eigi beinan byr.
liðligra ráð   er til lands at snúa
en sigla foldu frá.

136. Um engvar sakir   skalt aldri deila
(34)   við hugdyggva hali;
gjöld af guði   hygg ek gumnar taki
fyr reiði rangs hugar.

137. Aura tjón   skal eigi illa bera,
(35)   þótt verði skapaðr skaði;
hitt hann huggi,   er halda má;
sæll er sá er sínu unir.

138. Engi oftreystisk,   þótt sé eigi gamall,
(37)   at muni lengi lifa;
skugga sinn   mega eigi skatnar flýja,
né heldr forða feigð.

APPENDIX I

139. Hjarðir sæfa   þarf eigi til hylli guðs;
(38)   beit þín yxn fyrir arðr;
     reykelsis ilm,   er kemr af réttum siðum,
        vill hann fyr tafn taka.

140. Heiptar-orða   gersk eigi hefnisamr,
(39)   heldr skalt væginn vera;
     af gæzku þeirri   mátt þú gera þér
        vísa fjándr at vinum.

141. Meinlæti drýgi,   sá er misgert hefir,
(40)   ok bæti syndir svá;
     sárar atgerðir   þarf enn sjúki maðr
        til sinnar heilsu at hafa.

142. Bölgjörnum manni,   ef þér brugðizk hefir,
(41)   skalt eigi grand gera;
     af annars gæzku   batnar iðuliga,
        sá er hefir óvinligr verit.

143. Vel skalt vinna,   ef átt í verkum hlut,
(42)   ok gerask hollr gumi;
     sýslu sinni   gleymir slækinn maðr;
        ilt er verkþjófr at vera.

144. Óreiðinn   skyldi ýta hverr
(43)   ok sjá sem görst við grunum;
     hugsjúkr maðr   kvíðir hvervitna;
        aldri honum dagr um dugir.

145. Miskunsamr   skalt við man vera,
(44)   ef átt þræla þér;
     jarðligt eðli   minsk at jafnt hefir
        þræll ok þjóðans mögr.

146. Ódyggra manna   skalt aldrigi
(46)   fagna bráðum bana;
     hitt er sýnna,   at muni sælir vera
        dyggvir menn þótt deyi.

147. Hugsvinnsmál   hefi ek fyr höldum kveðin;
        kenda ek rekkum ráð;
     hyggins manns   lýstak hugarspeki;
        hér er nú ljóðum lokit.

HUGSVINNSMÁL

NOTE

The present text of *Hugsvinnsmál* is based on Finnur Jónsson's edition in the B-text of *Den norsk-islandske Skjaldedigtning* but differs from it in some details, especially the order of the stanzes. In Finnur Jónsson's edition one of the stanzas corresponding to the prologue to Book III and the two stanzas representing the prologue to Book IV (nos. 84, 107, and 108 above) form part of the conclusion of the poem. In his study of the *Hugsvinnsmál* (see above, p. xxxiv), on which I have, in spite of disagreement about details, leaned heavily in the preparation of the text, Gerhard Alexander argues persuasively for this as the original order, and the manuscript tradition seems largely to support his argument. Since, however, the present text is not intended as a critical edition, it seemed justifiable, for the sake of convenience in comparing the three Icelandic versions of the poem, to try to produce a text of the *Hugsvinnsmál* the arrangement of which would correspond exactly to that of the Latin original as represented by the Hólar Cato. And in fact this involves no major deviation from the manuscript order. Only three changes are required: first, the transfer of the stanzas referred to above to the place occupied by the corresponding passages in the original; second, an interchange of neighboring stanzas in two places (48 and 49, 50 and 51, above); and, third, a closer adherence to the manuscript in a few cases than is found in Finnur Jónsson's B-text.

It is not always possible, however, to establish an unquestionable correspondence between a given stanza of *Hugsvinnsmál* and a passage in the Latin original. Thus stanzas 1-2, 54-55, 84-86, and 108-109 correspond only very loosely to the introductory verses (or, in the case of Book I, prose) of the original, and stanzas 3-15 translate the *sententiæ* preceding Book I in an order very different from that found in the Hólar Cato (see the end of this note). But even in the case of stanzas which clearly translate individual distichs, the original is not always easy to identify. The paraphrastic character of the translation and the translator's practice of omitting distichs which seemed to him repetitious (or, perhaps, of condensing two or more topically related distichs into a single stanza) leave considerable room for uncertainty. I have nevertheless added, in parentheses, to the number of each stanza that corresponds to a distich, the number of a distich in the Hólar Cato. These identifications differ only minutely from those of earlier editors, but although most of them may seem self-evident, a detailed study of the translator's procedure would undoubtedly raise many questions that are ignored here. The following comments will point out a few problems and justify or explain some of the identifications that seem more doubtful than the rest:

41. This may include I, 27, as well as I, 26; but cf. 89, below.

51. Finnur Jónsson and Gering combine the first half of this stanza with the last half of 140, and vice versa. As Alexander makes clear (p. 101-102), there is no real warrant for this in the manuscripts, and the stanza in its present form makes an excellent translation of I, 38.

81

APPENDIX I

61. The similarity to 27a makes the first half of this stanza suspect. Scheving's reading *þótt þú einn vitir* for *þau er upp koma* brings the meaning somewhat closer to the original.

64. The first half is at best a very free translation of II, 10a. But it also occurs as a variant of 51, in the form *friðsamr við annan/ skyldi fyrða hverr/ sá er vill hæstan tír hafa*. Cf. also I, 34, which is omitted from the translation.

66. This is unquestionably a translation of II, 13 (Finnur Jónsson), not of II, 11 (Gering). *Öfund* and *öfundsamt* clearly represent *invidiam*, and *mæða oftregar* renders *sufferre molestum est*; even *sem mest hann megi* may be a mistranslation of *nimio cultu*. It is interesting to note that Bjarni Gizurarson misunderstands the distich much in the same way as the translator of *Hugsvinnsmál*.

75. The first half fits III, 16a, better than II, 23a. The correspondence to II, 23a, is somewhat closer if instead of the reading of the Hólar Cato we take as the original the form of the distich given by Boas: *Successos pravos noli tu ferre moleste*, etc.

89. According to its position this stanza should translate III, 3. It is, however, much closer to I, 27, which is thematically very similar and is not translated in its proper place.

100. The second half of this stanza does not translate III, 16b, and clearly does not belong here. It is merely a variant of 77 (II, 25).

105. The first half translates the whole distich. The second half expresses the same idea as 126b and 146b; all three have their closest correspondence in IV, 46b.

106. This translation is based on a reading more original than that found in the Hólar Cato: *Aequa diligito... pietate* instead of *Dilige non ægra... pietate*.

109. The first half is extremely free, but *hugdyggvir hata* may render *Despice* and *animo beatus*. The second half seems to me to be clearly a translation of IV, 2b, rather than IV, 1b. Cf. also III, 10, which is not translated in its proper place, and comments on 110, below.

110. The first half may translate all of IV, 2 (but see under 109, above). The second half seems to be a translation of IV, 1b, but may also represent IV, 16, which is not translated in its proper place.

111. As Alexander points out (p. 115), the translation may be based on a manuscript with the reading *causam* instead of *cæcam*. On the other hand, the translator may have avoided the reference to blind fortune as being unfamiliar to his readers; cf. his treatment of the reference to Janus (79) and to the forelock of Opportunity (78).

116. This stanza is exceptionally independent of its supposed original, as is also 133, which is related in subject. We may here have an instance of the omission and combination of similar distichs; cf. IV, 24, which is not translated in its proper place.

126. Cf. comments on 105 above. Alexander (p. 119) points out how the Stoic doctrine of contempt of life is here transformed into a very different bit of Christian doctrine.

130. Alexander (p. 99) identifies this stanza with IV, 48, on the basis of its position in some manuscripts. It seems to me to correspond more closely to IV, 27, although the first half resembles IV, 23a, more nearly than IV, 27a. I see in *örþrifráða/ verðr sá aldrigi* an echo of *rara prudentia*. A final decision may not be possible, for, like the stanzas concerned with the wisdom of yielding at the right time (see under 64, above) or with the evils of drink (see under 116, above), those dealing with teaching and learning (127, 130; IV, 48; cf. also 85-86) may exhibit a certain degree of mutual influence and interference.

140. Alexander (pp. 101-102) combines 140a and 142b, and vice versa. This deviation from the manuscripts (which is linked in a complicated manner with Finnur Jónsson's and Gering's treatment of 51) seems to me unnecessary. The second half is a fairly close translation of IV, 39 (the reading of the Hólar Cato, *cedere*, is a corruption of *lædere*): *lædere qui potuit* corresponds to *fjándr*, *prodesse valebit* to *vinum*.

142. See under 140, above. The identification of this stanza seems rather less certain than that of 140, but *ef þer brugðisk hefir* apparently represents *mutavit mores*, and *af annars gæzku* may conceivably be a misunderstanding of *pignora prima*.

146. See under 105, above. Alexander comments on this stanza as follows : " In ähnlichem sinn [as in 126; see above] ist die lehre des dist. IV 46 ' Auch die glücklichen müssen sterben, deren leben ohne tadel ist,' umgestaltet in Hug. 144 [i.e. 146] zu : ' Dies ist vielmehr offenbar, dass die tugendhaften, wenn sie sterben, selig werden.' " Some recent translators (e.g. W. J. Chase, *The Distichs of Cato* [Menasha, Wis., 1922], and J. Wight and Arnold M. Duff, *Minor Latin Poets* [London and Cambridge, Mass., 1934]), as well as Erasmus, prefer to take the distich in the same sense as the translator of *Hugsvinnsmál*.

The order in which the *sententiæ* preceding Book I are translated in *Hugsvinnsmál* 3-15 differs greatly from the order in which they appear in the Hólar Cato. One *sententia* found in the latter is omitted (no. 11), but, on the other hand, seven not found there are included. In the following list of correspondences, which is essentially that given by Alexander (p. 117), these seven *sententiæ* are entered in their original form at the proper places among the numbers of the Hólar Cato :

3 : 1-3;   **4** : 4-5, 7;   **5** : 9, 6, *Magistrum metue*, 13;   **6** : 10, 14, 16;   **7** : 17, 12, 15, *Quæ legeris memento*, 43;   **8** : 18-20, 24, 22, 37;   **9** : 23, *Vino tempera*, 42, 21;   **10** : 26-27, 33(?), 25;   **11** : *Litteras disce*, 31, 29, 28;   **12** : 38a, 34, *Iracundiam tempera* (or *rege*), 32, 38b, *Liberalibus stude* (? mistranslated?), 30;   **13** : 40, *Miserum noli irridere*, 35(?), 44;   **14** : 39, 36, 41, 47;   **15** : 45-46.

J. S. H.

APPENDIX II

SPAKMÆLI CATONIS
Metrical Translation of Books I and II
by
Bjarni Gizurarson

CATONIS SPAKMÆLI Í LJÓÐ SETT

1. Fyrst guð andi einn er sá,
oss sem skáldin greina,
honum skaltu hreina tjá
hugarins dýrkun eina.

2. Morgunvakan þóknist þér,
þaggaðu svefninn versta,
því iðjuleysið löstum er
lífið og fæðan bezta.

3. Hæstu manndyggð haltu þá,
haglega tungu að beygja;
næstur guði gengur sá,
sem gagnlega kann að þegja.

4. Þér í hjarta settu sízt
sjálfum móti að vera;
hver sem við sitt holdið bízt,
hvað mun hann öðrum gera.

5. Hafir þú lyst að líta rétt
líf og siðina manna,
sérhver krýpur í synda blett,
sinn þó lýti granna.

6. Hvað þig skaðar láttu laust,
lengi kært þó væri;
gagnið framar en ríkdóms raust
reikna öllum bæri.

7. Vertu í máta hægur og hýr,
hvikull ei né stríður;
hygginn maður hegðan snýr,
sem hentugur tíminn býður.

8. Varlega trúðu, þjóninn þín
þegar að kvinnan lýtir;
optlega hatar hringalín
hjú, það maðurinn nýtir.

9. Lagir þú hann, sem hrekkja sið
hefur og vill ei týna,
sé hann þér kær, þá leggðu lið
og láttu það ekki dvína.

10. Einvíg munns þú ekki halt
við orðvíkinga bekki;
mörgum veittist málið snjallt
manni, en vizkan ekki.

11. Að beztur vin þér sjálfur sért,
svo skalt aðra meta;
þér án skaða þekkur vert
þeim, sem dyggðir geta.

12. Forðast nýjan frétta són
að festa saman í hlekki;
margan felldi í feigðartón
fleipur, en þögnin ekki.

APPENDIX II

13. Ei skalt lofa öðrum víst,
    það annar skal þér gjalda;
    verkin líkjast sögnum sízt;
    svo er nú tryggðin alda.

14. Lofi þig einn, svo líttu þér
    ljúfur í hjartans inni;
    annarra sögn um sjálfs þín kjör
    sinntu ei meir en þinni.

15. Velgjörð annars mundu mjög
    mörgum frá að segja;
    góðverk þín skalt ekki og
    út á fingrum teygja.

16. Hvískur manna í huldum stað
    (17) [1] hirtu sízt að baga;
    ill samvizka ætlar það,
    allir muni sig naga.

17. Í velgengni lær þá list
    (18) löginn súra að drekka;
    lukkan margan faðmar fyrst,
    en færði um síðir ekka.

18. Oss er lífið veikt og valt
    (19) voluðum gefið að bera;
    í annars dauða ekki skalt
    of mjög fíkinn vera.

19. Fátæks vinar góða gjöf
    (20) glaðlega skaltu kjósa;
    þó ei sé há, fyrir utan töf
    áttu samt að hrósa.

20. Yzti lífsins endi sá
    (22) ei þig fæla skyldi;
    hann sem hræðist dauðans dá
    dó, meðan hjara vildi.

21. Velgjörð þinni vilji sízt
    (23) vinurinn hrósa kæri,
    ásakaðu aldrei Krist,
    en athuga þig sem bæri.

22. Vertu spar, ef viltu þrátt
    (24) vörðinn hafa hinn bezta;
    aflað sé fyrir innan gátt;
    eitthvað skortir flesta.

23. Tvisvar lofaðu engum, ef
    (25) annars borgun finnur,
    nema þú viljir vinda skref
    vera, en ekki svinnur.

24. Finnir þú, að falsið ber
    (26) flúraður hunangs kjaftur,
    slíkt í gen, sem gjörði hann þér,
    greið honum líka aftur.

25. Að sykurmunna orðum átt
    (27) aldrei lofi að skara;
    svikapípan syngur hátt,
    þá sígur á fuglinn snara.

26. Eigir þú börn, en ekki fé,
    (28) eitthvað lát þau starfa,
    það sem þeirra síðar sé
    sæmdunum helzt til þarfa.

27. Það þú lastar öðrum á,
    (30) ei skalt sjálfur hefja;
    ljótt er að finnist lýtin há
    læriföðurinn vefja.

28. Biddu um það, sem billegt er
    (31) og bezt kann heiðri safna,
    því glappar tíðum girnast hér,
    það góðir tíðum hafna.

---

[1] The numbers in parentheses refer to the corresponding distichs in the Hólar Cato.

SPAKMÆLI CATONIS

29. Ókunnugt þú aldrei met
(32) yfir það dyggðaseiga;
um reyndan hlut eg haldið get,
en hitt er í von að eiga.

30. Með því lífsins annar án
(33) eymda vefst í galla,
daginn hvern það dýrsta lán
drottins áttu að kalla.

31. Stundum vík fyrir þekkum þér,
(34) þó að þú mættir vinna;
hugulsemin hentust er
hjartanu vina þinna.

32. Biðjir þú margs, þá láttu laust
(35) lítið af hendi rakna;
vinskaps bandið tryggðatraust
trauðlega mun þá slakna.

33. Kíf og þrátt við kæran vin
(36) að kveikja skal þér leiði;
ástarlíf er eindrægnin,
en örfun haturs reiði.

34. Nær þitt hrellist hyggjuþel
(37) helzt fyrir brotin hjúa,
reiði stillt og vægðu, vel
við þau átt að búa.

35. Stundum vinn, ef meira mátt,
(38) mann í stilltu æði;
lífs í dyggðum hafin er hátt
heilög þolinmæði.

36. Hvað með sveita hefur þú nælt,
(39) hirtu í leynum inni;
eymdin vex, nær upp er svælt
allri næring þinni.

37. Gefi þér lukkan gleðinnar stig,
(40) góðs skalt þínum unna;
sjálfan fyrst að signa þig
samt áttu að kunna.

Enn segir Cato

1. Jarðaryrkju þóknist þér
og þekking grasa að vita hér,
latínu skáldin lestu [þá],
ljúflega muntu skilning fá.

2. Lucanus þig lærir bezt,
lesir þú hann um stríðin mest,
úti Róm sem áttu fyr
afreksmenn í vopna styr.

3. Ovidius um Amors hót,
ef þig lystir fríða snót,
lagnaðinn þér lýsa [kann];
lesa máttu sjálfur hann.

4. Ef þú kýs fyrir utan vamm
æfiþráðurinn dragist f[ram],
hlusta til og hlýddu mér;
hef eg vizku að kenna þér.

5. Ókenndur þó einn sé þér,
(1) áttu að hjálpa, ef mögulegt er;
verði betri er vinur í nauð;
virtu hann meir en land og auð.

6. Hnýstu ekki um Herrans mjög
(2) hulda dóma og stjörnu veg;
met þú dauðlegs alla art;
er þér víst að deyja snart.

89

7. Óttast dauðann aldrei þinn;
(3) er það dárlegt hvert eitt sinn
gleðina lífs að missa mest,
meðan þú hræðist þennan gest.

8. Frekt um það, sem óvíst er,
(4) aldrei reiðum þræta ber;
hindrar reiðin hyggju rann,
svo hittir ekki á sannleikann.

9. Gefðu hraður af góssi þín;
(5) gættu að þessum ráðum mín;
af auði tæra brögnum ber,
bezt þá tíminn hentur er.

10. Óhóf flýðu illskurammt;
(6) altíð girnstu bezta skammt;
í hægum sjó er skipinu skást,
skuli það ekki sundur slást.

11. Hvað þér virðist lýta ljótt,
(7) láttu ei vita þegna drótt,
svo aðrir lasti aldrei ver,
það ekki líkar sjálfum þér.

12. Ei skalt meina illskulið
(8) ábatast fyrir syndaklið;
þó vonzkan sofni á svanadún,
sannlega kemur að vaknar hún.

13. Annars lítinn orkumátt
(9) ekki skaltu lasta þrátt;
einn í hægum arma styrk
oft gaf ráðin mikilvirk.

14. Eigir þú leik við afarmegn,
(10) undan vík í tíma gegn;
oftlega sást, að sigurinn bar
sá, sem fyrri unninn var.

15. Þér vel reyndan, það sé frá,
(11) þinn langvin í orðum slá;
snarlega reis við einföld orð
oft hjá lýðum þrætan hörð.

16. Áform guðs og vizku veg
(12) varast skaltu að grunda mjög;
um þín kjör eða auðnu bann
ei þig sækir ráðamann.

17. Öfundsýki aldrei ber,
(13) þó álit heimsins faldi sér;
hennar ok er öllum strítt,
þó ekki skaði hún lífið þitt.

18. Ranglega dæmdur dettu sízt;
(14) drottinn lítur á málið víst;
með óréttlæti unnin sök
einatt lenti í feigðar vök.

19. Út á spýtum þú ei þen
(15) þau hin fyrri illmælin;
heiftarmenn þeir erfa illt,
svo aldrei verður hyggjan stillt.

20. Úr hófi aldrei hefga þig;
(16) hér með ekki lasta mjög;
heimskir menn það halda prís,
sem hrósun vilja og orðaglys.

21. Brúkaðu spart það fengna fé,
(17) þó föngin nóg fyrir hendi sé;
oftlega stundin eyddi því,
sem árin mörg var safnað í.

22. Gættu að stundum gagnar frekt
(18) görpum skikkið fávíslegt;
að hylja vit í hentum stað,
held eg mesta vizku það.

23. Óhófsemi flýðu fast;
(19) færir hún með sér háð og last;
ágirndin er illsku safn,
sem ætíð kámar veglegt nafn.

24. Þeim skalt ekki eyrun ljá,
(20) sem öllum kvisa byggðum frá;
lítttrúanda þenktu þann,
sem þvættir oft um sérhvern mann.

SPAKMÆLI CATONIS

25. Hafir þú illt í ölinu gert,
(21) umbótar það haltu vert;
sjáðu, að vínið s[ak]laust er;
sökina máttu kenna þér.

26. Leyndarráða launmælin
(22) leggðu í faðm á trúum vin;
en líkama þínum líkn að sjá
læknara skaltu góðan fá.

27. Þó vel gangi vondum títt,
(23) varast skalt að bera það lítt;
illum hlynnir lukku lag,
að lifi þeir slæman endadag.

28. Aðfarandi hamingju hvel
(24) hafðu í gát, svo lifir vel;
fyrir séður sorgardans
síður þjáir lífið manns.

29. Hertu brjóst, þá hæst er neyð,
(25) í helgri von um lífsins skeið;
stundlegt allt við dauðann dvín;
dugir þá framar vonin þín.

30. Hafna þú ei því hagnar þér;
(26) hentugt færið lokkinn ber
framan í haus, en hnakka þil
hefur rotskalla aftan til.

31. Það er að skilja, haf þú hönd
(26) á hentugleikans komu stund
að iðja gott, svo ekki þér
ögri, þegar hann hlaupinn er.

32. Það eftir fylgir athuga víst,
(27) yfir veranda gleymdu sízt,
eins og Janus augum sá
aldir báðar forðum á.

33. Hafðu í gát, ef hraustur ert,
(28) í hófi að brúka lánið hvert;
met þú framar í hjartans hring
heilsu þína en vellysting.

34. Allra meining einum þér
(29) ekki sómir að lýta hér;
hver sem lastar margan mann,
meina eg fáum þóknist hann.

35. Velferð þína þú yfir allt
(30) í þessu lífi meta skalt;
ef sjálfur bjóst þér sorgar vað,
sízt skal öðrum kenna það.

36. Sér það margur um svefna loft,
(31) sem hann girnist vakandi oft;
draumur er líkt sem lýginn mann;
leggðu hjartað sízt á hann.

91

FACSIMILES

of Pages from the
Hólar Cato

CATO.
VEL.
DISTICA MORALIA
Catonis.

Það Er

Hugsvins mm̄l/ eda Heilræd
Sniien j Liodalag og Vhsna/ Og vrod
um Vngdome/ og lijka þeim ellð
re til nycsemdar/ sem Hygginde
hapa kiær/ og godum Sið
um gegna vilias

Ag
Siyra Jone Biarnar syne.

DICTA SEPTEM SAPIENTV
Greciæ, Latine & Vernaculé.
Það er
Spakmæle sio Gricklands
Spekinga.

SVLPICIVS DE CIVILITATE
Morum.
Um Hegdan og Hæversku þeirra
sem sidsamer vilia vera.

Fyrsta Bok

25 Iusiurandum serva
26 Pugna pro patria

25 Heit og Eida enn þu byggur / og
gack ei a giördar Trygder: 26. Og Fost
urland þitt ver þu Odde og Eggiu.

Eid þinn hallt og õsur heit/eins sñ
riedstu sueria. Odal Jörd og ættarreit
er þier skyllt ad veria

27 Nil temere credideris 28 Tu
to consule. 29 Meretricem fuge:
27 Vertu ei endur öllu ad trua 28 Eñ
heilrædur hvörium Manne. 29 Vapna
þu æstum illra Kuenna

Andtrua þu ecke siert / enn öllum
heill j rádum / Sambod Skiækiu skvpa
þu þuert / so Skadanum varner Bradum

30 Nil Mentiri debes 31 Bonis
bene facito 32 Maledicus ne esto.
30 Aungua Lyge nie Orbaskiemder
læt þier til annars vm Munn þara 31
Velgiörd þijna veit þu godum. 32 Fly
Blot og Bæner illar.

Eingen Lyge leypest þier / Last nie skie
mdar yrde: Giör þeim gott sem godur
er / og Giöß er von ad virde.

33 Existimationem retine.
34 Æquum judica.
35 Parentes patientia vince.

Rom

Fyrsta Bok

Ef Vinnuþiu vid þig briota/ so Erlðingi
um gramur verder / seinkadu Hefnd medann
sefast Reide/ vel so þynum væga kunner.

Vinnubolk ef þorfier sig/ og frett til Reide
neyder þig/ hefnstu er fyrr en heipt er lægd/so
hinum þaer þu synda væga.

Quē superare potes, interdum vince ferendo
Maxima enim morum semp patiētia virtus

Þann þu orkar ad yferbuga/ vægiande skalltt
vinna stundum. Lat þier þecka Þolenmæde/
hun ber hædstan Heidur af Dygdum.

Mann stadlyten Styrisllo / sturdum lyd eg
vinn med þui/ Þolenmæde dyrust Dygd/ datt
er lofud um Heimsins Bygd

Conserva potius quæ jam sunt parta labore
Cum labor in damno est, crescit mortalis eg-
estas.

Hafdu þeingens Fiar Syrerfion gode/ sem af
laber med Erfide: Enn fyrer Eydeureiga ad
briotast/ Armood giærer inn til Dauda.

Med Erfide ablad fie/ umsia þu so holpes
sie. Tion ad rie . . tetst þier midur/ credstu
fyrr i Sætæt nidur.

Dapsilis interdum notis caris & amicis
Cum fueris felix semp tibi proximus esto.

Nidium Vinum og Nakomnum/ vertu ör af
Audlegd þinne. Þuni opeliga/ en þier japn-
an/ Velsemd besta æker sialfum.

I velgei

Catonis
giedsamlega/ Illt er þeim sem eckert lyda/ nie
til þarfa þagad gieta:
Þisse Fru sm þo er nu/holdu Tungu brædæ
Þm þer sidr er þeyr lydr/ z Þögn ma ei vid redæ

Dilige non ægra caros pietate parentes.
Nec matrē offedas dum vis bonus esse parēti

Elskadu giarnan ap godum Lug/ þramar gö
dum Fedgin bæde/ Hugrtis þeirra Hylle ræt
er/ so hins annats Astum tyner
Legg þu Ast sm orkar skalt/a Forelldra þí
na/elskadu same so Fødurenn þramc/ ad þordest
Modur ad tyna:

LIBER QVARTVS.

Securam quicunq; cupis traducere vitam,
Nec vitijs hærere Animum quæ moribus ob-
sunt   (to,
Hæc præcepta tibi semper relegenda memen
Invenies aliqvid in qvo te vtare magijstro.

Þu sem girnest granduar ad lifa/ og spor-
na vid Spiöllum sida/Skipaner þessar skoda-
du iafnan/so þinn Meistare mætter verda.

Matan þessa Menta Pætt/minnugur les
og ifka þratt/so þig stalpur Sida mæct/ ad læ
ge mun þier til Lyta þætt

Vandad Lyp ep villtu þa/sem Vareygdenie
stendur a/og huörre Vsm ad huicigast þra/ er
Sedun gödre spilla ma.
C iij   Deg

DICTA SEPTEM SAPIENTVM GRECIAE SELECTIORA,
Latine et Vernacule

A: I:

Semia villde eg sió Spekinga/ Ma
Is kuidu nóckra miög prodlega/ þeir jer
yckland giördu bordum/ vngum og gom
lum auka Menter

PERIANDRI DICTA:

i Omnibus placeto. ii Bona res
quies. iii Periculosa temeritas.
1 Hagdu Byr godan hia völda meinga
2 Gott er Spakmeise huar Guna sater
3 Hætt er driugum darleg Kranksyne/
(þa Men rasa yter Radpruni).

2

iiii Semper voluptates sunt mortales
Honores autem immortales. v Amicis adversa fortuna vtentibus, idem esto.
4 Vellystingar verda skammlijsar/ vero
ur og Virding hellst eru vppe. 5 Vinum pijnum vertu enn same/ Kannier po
meige rata stundum.

3

vi Lucrum turpe, res pessima. vii Quic
D iiij   quid

IOHANNIS SVLPICII DE
Civilitate morum

Quos decet in mensa mores servare docemus
Virtuti vt studeas, literulisq; simul

Bornum öllum Biodum vier/ Bordsio
ham sem stendur hier/ Les og Nam so
lær hier/ List og Kurt sem promū ber.

Qæ prius admoneo, miti puer indole serva
Præ͞q; tuis oculis, hæc mea Iussi tene

Fyrre set bast Frædahag/ þesta skallt
stunda miög/helldur Ast ei Sögz og
Eẏ/hallde hier við þesse Lög.

Sit sine labe toga, et facies sit lota manusq;
ciria nec naso pendeat vlla tuo

Syerhößn sie atiðklar/ Andlit þuoðit
ar i Aar/hreinar lattu hendur sinar
nge ei wr Nepe Tar.

Nihil emineat, sit et sine sordibus vngues
it coma, sit turpi calceus absq; luto.

onst sie Nögl i hoope stot/hreinsit Bu
Juað vnder þor/lidest vel þinn Lockur
r/leirugur ei skyllde Skor.

oguaq; non rigeat, careant rubigine dentes
eq palam pudeat, te friciusse caput.

     E v   Tung

Sulpicius.

Ä tÿd Munnen epter Kier/a Händek͛
de burka ber/ Hönd og Varer burt a bi=
er/ þegar Vndan Borde þer.
Inflectensq́; genu Iuuengens quoq́; brachia,
prosit.
 Dicito, sed tolles ordine quæq́; suo.

Beygdu ỏnie eñ ỏỏndum tueim / halltu
saman og packa heim / Sein þostrar allt
vm Solld og Geim / þar so allt ap Borde
um heim.

 Seinast klener Sueinar þa/ Side bid
eg hlyde á / Vnne kunne inne þra / Ending
kiend nu lenda ma

ORATIO DO=
MINICA

O Pater, ô rerum sola atq́; æterna potestas,
 Sub pedibus cuius sidera clara micant
Da precor, vt sancto cuncti veneretur honore
 Nomen in hoc toto, quà patet, orbe tuū.
Da, quo te vera tandem pietate colentes
 Fiamus regni pars quotacumq́; tui.
Ac pariter toto cælo, totumq́; per orbem
 Cuncta tuo arbitrio convenienter eant
Nec non præsenti victum pater optime vit
 Suffice, et hæc solito corpora pasce cibo.

At

Atq́ ut nos alijs, tu sic commissa vicissim
Et nostrum nobis, quæso remitte nefas
Nec nos tentari patiaris ab hoste, nec ultra
Quam tolerant vires pectora nostra premi
Sed simul a cunctis vitæq́ animæq́ periclis
Præsidio fretos ipse tuere tuo.
Solus enim regnas, soli tibi summa potestas
Gloriaq́ in nullos emoritura dies.

BENEDICTIO MENSÆ

His epulis donisq́ tuis benedicito Christe
Vt foveant Jussu corpora fessa tuo
Non aliẽ in fragili panis modo corpore vitã
Sermo tuus vitæ tempora longa facit:

GRATIARVM ACTIO POST
sumptum cibum.

Postquã epulis exẽta fames, mẽsæq́ remotæ,
Dicemus grates nos tibi summe Pater
Non hæc humanas vires, alimẽta iuvabunt
Divina si non hæ foveantur ope.
Naq́ tuo vivunt agitata a Numine cuncta
Adflatu spirant cuncta, valentq́ tuo.
Nunc etiã gratis animis alimẽta ministra,
Atq́ immortali pectora pasce cibo.
Et quia cura sumꝰ tua nos pater optĩe serva
Et

EXTRACTS FROM THE WILL OF THE LATE
WILLARD FISKE

―― " I give and bequeath to the Cornell University at Ithaca, New York, all my books relating to Icelandic and the old Scandinavian literature and history...."

―― " I give and bequeath to the said Cornell University . . . the sum of Five Thousand (5000) Dollars, to have and to hold forever, in trust, nevertheless, to receive the income thereof, and to use and expend the said income for the purposes of the publication of an annual volume relating to Iceland and the said Icelandic Collection in the library of the said University."

In pursuance of these provisions the following volumes of ISLANDICA have been issued:

I. Bibliography of the Icelandic Sagas and Minor Tales, by Halldór Hermannsson. 1908. (Out of print.)

II. The Northmen in America (982-c. 1500), by Halldór Hermannsson. 1909. (Out of print.)

III. Bibliography of the Sagas of the Kings of Norway and Related Sagas and Tales, by Halldór Hermannsson. 1910. (Out of print.)

IV. The Ancient Laws of Norway and Iceland, by Halldór Hermannsson. 1911. (Out of print.)

V. Bibliography of the Mythical-Heroic Sagas, by Halldór Hermannsson. 1912. (Out of print.)

VI. Icelandic Authors of To-day, with an appendix giving a list of works dealing with Modern Icelandic Literature, by Halldór Hermannsson. 1913. (Out of print.)

VII. The Story of Griselda in Iceland. Ed. by Halldór Hermannsson. 1914. (Out of print.)

VIII. An Icelandic Satire (Lof Lýginnar), by Þorleifur Halldórsson. Ed. by Halldór Hermannsson. 1915. (Out of print.)

IX. Icelandic Books of the Sixteenth Century, by Halldór Hermannsson, 1916. (Out of print.)

X. Annalium in Islandia farrago and De mirabilibus Islandiæ, by Bishop Gísli Oddsson. Ed. by Halldór Hermannsson. 1917.

XI. The Periodical Literature of Iceland Down to the Year 1874. An Historical Sketch by Halldór Hermannsson. 1918. (Out of print.)

XII. Modern Icelandic. An essay by Halldór Hermannsson. 1919. (Out of print.)
XIII. Bibliography of the Eddas, by Halldór Hermannsson. 1920. (Out of print.)
XIV. Icelandic Books of the Seventeenth Century, by Halldór Hermannsson. 1922. (Out of print.)
XV. Jón Guðmundsson and His Natural History of Iceland, by Halldór Hermannsson. 1924.
XVI. Eggert Ólafsson. A biographical sketch by Halldór Hermannsson. 1925.
XVII. Two Cartographers: Guðbrandur Thorláksson and Þórður Thorláksson, by Halldór Hermannsson. 1926.
XVIII. Sir Joseph Banks and Iceland, by Halldór Hermannsson. 1928. (Out of print.)
XIX. Icelandic Manuscripts, by Halldór Hermannsson. 1929. (Out of print.
XX. The Book of the Icelanders (Íslendingabók), by Ari Thorgilsson. Ed. and tr. with an introductory essay and notes by Halldór Hermannsson. 1930. (Out of print.)
XXI. The Cartography of Iceland, by Halldór Hermannsson. 1931. (Out of print.)
XXII. Saemund Sigfússon and the Oddaverjar, by Halldór Hermannsson. 1932.
XXIII. Old Icelandic Literature. A bibliographical essay by Halldór Hermannsson. 1933. (Out of print.)
XXIV. The Sagas of Icelanders (Íslendinga sögur). A supplement to Bibliography of the Icelandic Sagas and Minor Tales by Halldór Hermannsson. 1935. (Out of print.)
XXV. The Problem of Wineland, by Halldór Hermannsson. 1936. (Out of print.)
XXVI. The Sagas of the Kings and the Mythical-heroic Sagas. Two bibliographical supplements by Halldór Hermannsson. 1937.
XXVII. The Icelandic Physiologus. Facsimile edition with an introduction by Halldór Hermannsson. 1938.
XXVIII. Illuminated Manuscripts of the Jónsbók, by Halldór Hermannsson. 1940.
XXIX. Bibliographical Notes, by Halldór Hermannsson. 1942.
XXX. The Vinland Sagas. Ed. with an introduction, variants, and notes by Halldór Hermannsson. 1944.

XXXI. The Saga of Thorgils and Haflidi. Ed. with an introduction and notes by Halldór Hermannsson. 1945.
XXXII and XXXIII. History of Icelandic Prose Writers: 1800-1940, by Stefán Einarsson. 1948.
XXXIV. History of Icelandic Poets: 1800-1940, by Richard Beck. 1950.
XXXV. The Saga of Hrafn Sveinbjarnarson. Tr. with an introduction and notes by Anne Tjomsland, M.D. 1951.
XXXVI. The Age of the Sturlungs: Icelandic Civilization in the Thirteenth Century, by Einar Ól. Sveinsson. Tr. by Jóhann S. Hannesson. 1953.
XXXVII. Bibliography of the Eddas, by Jóhann S. Hannesson. A Supplement to ISLANDICA XIII. 1955.
XXXVIII. The Sagas of Icelanders (Íslendinga Sögur), by Jóhann S. Hannesson. A Supplement to ISLANDICA I and XXIV. 1957.
XXXIX. The Hólar Cato: An Icelandic Schoolbook of the Seventeenth Century. Ed. with an introduction and two appendices by Halldór Hermannsson. 1958.

There have also been issued:

CATALOGUE of the Icelandic Collection bequeathed by Willard Fiske. Compiled by Halldór Hermannsson. Ithaca, N.Y., 1914. 4° pp. viii, 755.
———Additions 1913-26. Ithaca, N.Y., 1927. 4° pp. vii, 284.
———Additions 1927-42. Ithaca, N.Y., 1943. 4° pp. vii, 295.
Catalogue of Runic Literature forming a part of the Icelandic Collection bequeathed by Willard Fiske. Compiled by Halldór Hermannsson. Oxford: Oxford University Press, 1917. 4° pp. viii, (2), 106, 1 pl.